MARLÈNE
JOBERT

Les baisers du soleil

TÉMOIGNAGE

J'AI LU

Retrouvez toute l'actualité de Marlène Jobert sur son site :
www.marlenejobert.fr

À mes filles.

PREMIÈRE PARTIE

L'enfance : peut-on en guérir ?

JACQUELINE MONIQUE OU MARLENE STOP
EST NEE A 5 HEURES STOP
TOUT VA BIEN STOP REPONDS VITE
STOP BAISERS STOP
ELIANE STOP

La jeune femme qui adressait depuis Alger ce télégramme à son mari, le 4 novembre 1940, venait de mettre au monde son premier enfant. C'était ma mère. Mon père, militaire, se trouvait en zone libre à Marseille, dans cette France bousculée par l'occupation allemande.

Je ne pense pas qu'il ait hésité longtemps sur le choix de mon prénom. À cette époque, les photos de Marlene Dietrich étaient omniprésentes dans les chambrées comme dans les cabines de camions, et surtout dans les fantasmes de milliers de soldats : Marlene et son chapeau d'homme, Marlene gantée jusqu'aux coudes, Marlene et sa taille de guêpe, Marlene et sa blondeur crantée.

La femme-volcan

L'évocation de mes ancêtres sera brève. Je ne peux parler que des parents de ma mère. Mon père, enfant de l'Assistance publique, n'a pas connu les siens.

« María Joachina Blanca de la Santísima Trinidad García » était le nom de jeune fille figurant sur l'état civil de ma grand-mère maternelle. Tonitruant et majestueux... mais cette belle envolée fut bien sa seule richesse. J'ai gardé d'elle la crainte qu'elle inspirait à tout le monde à travers ses colères imprévisibles. Des colères noires capables de tout engloutir, d'une virulence impressionnante et qui résonnaient longtemps encore après s'être calmées. Avec elle, il fallait s'attendre à tout, et à tout moment : éruption, coulée de lave, pluie de cendres. Corpulente, de petite taille, elle éructait ses menaces dans un tumulte de gestes qui chaque fois me terrifiaient. D'autant que, la plupart du temps, je ne comprenais rien à ses emportements.

J'étais très jeune quand elle nous a quittés. Le seul souvenir qu'il m'en reste est l'image d'une femme-volcan constamment en ébullition.

Les « baisers papillon » d'Albert

Abraham Azulay, son mari et mon grand-père, préférait qu'on l'appelle Albert : en ces années 1940, ça passait mieux... Dès que j'ai su parler, pour moi il fut « Pébert ». C'était son sourire avant tout qui séduisait. Ah, son sourire ! Il lui fendait le visage d'une oreille à l'autre. Rien qu'en souriant, mon Pébert nous faisait du bien partout. Il fabriquait et réparait des chaises, c'était son métier. Pour lui j'étais « sa petite crapule ». Ce qu'était une *crapule,* à cinq ans, je n'en avais aucune idée, mais il y avait tant d'affection dans ses yeux quand il le prononçait que, très longtemps, je l'ai pris pour un mot tendre, un compliment même.

« Viens ici, toi, ma petite crapule, tourne-toi. »

Ses imposantes mains calleuses soulevaient délicatement mes cheveux pour déposer sur ma nuque le plus léger des baisers. Ses « baisers papillon », c'est ainsi qu'il les appelait, je les sens encore sur ma peau. Je n'ai pas oublié non plus ma petite main broyée dans la sienne. C'est qu'il me la serrait fort, très fort, quand nous étions dans la rue, comme s'il craignait de me perdre. J'en avais mal aux doigts.

L'ultime évocation de mon grand-père est liée à une phrase. Et cette phrase, après plus d'un demi-siècle, demeure plantée comme un clou rouillé dans ma mémoire : « Là où il est, le pauvre, il n'en aura plus besoin ! »

Ce sont ces mots, exactement, que ma mère avait sanglotés un matin en revenant de l'hôpital. Et je compris brutalement de qui elle parlait en reconnaissant à travers les mailles de son filet à provisions les chaussures et les vêtements de mon Pébert.

Il s'en était allé sans même un dernier « baiser papillon ».

Ma mère : « la Moum »

C'est ainsi que ses cinq enfants et ses petits-enfants aimaient la surnommer.

C'est ton tour à présent, ma petite Moum ! Je vais devoir te raconter un peu !

Qui étais-tu, Éliane Azulay ? Une appétissante beauté méditerranéenne. Assez mignonne. Peut-être que « mignonne » est un adjectif un peu désuet, mais je n'en ai pas trouvé de meilleur, il semble avoir été inventé pour toi. Tu parlais beaucoup de régimes que tu ne suivais jamais. Tu disais qu'ils te mettaient de mauvaise humeur sans que ton tour de taille s'aperçoive de tes sacrifices. Je te vois encore finir les plats en marmonnant pour te justifier :

— Ça m'f'rait mal au cœur de jeter ça ! Et puis, à quoi ça sert que j'me prive… Grosse je suis, grosse je reste ! Allez, va !… C'est ça, rigolez, rigolez !

Si tes reparties ensoleillées par ton accent pied-noir étaient souvent savoureuses et ta gaieté communicative, tes nombreuses appréhensions et tes idées arrêtées pouvaient te rendre agaçante. Ainsi, pour toi, seuls les gens « bien nés » pouvaient prétendre à une réussite sociale ou artistique. Quand on était comme nous, d'origine modeste, vouloir sortir de son monde relevait de la plus grande des naïvetés, voire de l'inconscience.

— Comédienne !… Et pourquoi pas scaphandrier, funambule ou pilote de Formule 1, tant qu'à faire !

Voilà comment tu avais reçu l'annonce de ma vocation.

Tu étais comme cela, ma Moum. Comment t'en vouloir ? Tu faisais par ailleurs preuve de tant de bienveillance. Tu étais chaleureuse, et pourtant, quelque chose m'a toujours manqué : tu ne parvenais pas à me prendre dans tes bras. Je n'ai jamais connu la sensation de cette chaleur rassurante, de ce rempart protecteur. Comme ils m'ont manqué, tes bras, ma Moum ! Je n'en prenais conscience que lorsque je voyais les autres enfants se blottir contre le ventre doux de leur maman. Peut-être estimais-tu que m'aimer relevait de l'évidence et que tu n'avais pas à le prouver par des étreintes. C'est comme pour les mots ; tu ne trouvais pas non plus ceux qui apaisent et consolent. L'origine de cette absence de savoir-faire maternel, je l'ai découverte plus tard, le jour où tu m'as dévoilé ce que ta propre mère, autoritaire et brutale, avait fait de ton enfance. Tu en portais les stigmates ; une petite cicatrice sur la tempe, une plus importante sur le bras, mais la plus profonde de toutes, celle que tu cachais au fond de toi, gardait la couleur d'une indélébile rancœur.

Après le décès de notre père, nous t'avions convaincue avec mes frères et sœurs de te rapprocher de nous, de quitter le sud de la France pour Paris. Tu allais donc passer les trente dernières années de ta vie dans un petit appartement que j'avais acheté pour toi, tout près du mien. J'aimais bien te voir débarquer à l'improviste avec ton caddie et ton petit chapeau de feutre gris. Tu ne te séparais jamais ni de l'un ni de l'autre quand tu sortais. Il t'allait si bien, ce petit chapeau, si bien que mes sœurs Christiane et Michèle ont eu ce geste touchant de t'en coiffer dans ton cercueil pour ton dernier voyage. Quand, au funérarium, je t'ai découverte ainsi, je n'ai pu retenir un sourire derrière mes sanglots. Même là, tu semblais faire « ta mignonne ».

Tu as laissé en nous une empreinte lumineuse et tant de souvenirs solaires... Ces souvenirs se sirotent aujourd'hui à petites gorgées comme un alcool amer qui vous retourne l'estomac et le cœur.

Quand je me laisse submerger par de tristes pensées, c'est curieux, mais mon chien le sent ; il est venu à mes pieds et, le menton levé, il me fixe dans l'attente que je le gratte sous le collier, le flatte, lui dise que je l'aime. Tu l'aurais adoré, ma petite Moum. C'est le genre de compagnon si beau, tu sais, qu'il te décore un canapé rien qu'en dormant dessus.

Tes dernières années n'ont pas été faciles. Comme il devenait imprudent de te laisser seule dans ton appartement, nous t'avions installée dans une maison de retraite médicalisée, au cœur d'un grand parc aux portes de Paris. Tes cinq enfants venaient chacun son tour te rendre visite. Tu nous voyais finalement bien plus souvent que lorsque tu vivais encore chez toi, et pourtant, cela ne t'empêchait pas de te sentir abandonnée. Ta détresse te rendait injuste parfois. Un jour, cette petite phrase dévastatrice, atrocement culpabilisante, m'avait poignardée :

— Mais qu'est-ce que je vous ai fait ?

Un autre souvenir aussi me fait mal. Un après-midi, nous étions dans le parc, toutes deux installées au soleil sur un banc. Je t'avais apporté des babas au rhum. Toi qui les aimais tant d'habitude, tu y avais à peine touché. Je te racontais tout ce qui me passait par la tête, espérant te divertir, mais je sentais bien que beaucoup de choses avaient cessé de t'intéresser. Le souffle qui te portait jusque-là s'éteignait-il ? La vie te devenait-elle indifférente, à toi qui en étais si gourmande ? Accablée, je ne savais plus que dire, ni que faire. Je m'assurais que tu n'avais pas froid, remontais le plaid chaque fois qu'il glissait, et j'ai vu tes lèvres trembler. J'ai cru un instant que tu allais pleurer, mais elles s'ouvrirent et laissèrent un petit mot s'envoler :

— Merci.

Pensant que tu me remerciais pour mon geste protecteur, je t'avais prise par les épaules :

— Je ne veux pas que tu attrapes froid, ma petite Moum !

Et dans ton faible sourire, tu m'avais murmuré :

— Non, pas pour ça ! Merci d'être là !

Cette autre fois encore – autant retourner un peu plus le couteau dans la plaie –, je t'expliquais que, d'après les médecins, compte tenu de tes ennuis cardiaques, ce serait une erreur, une faute même que de te prendre chez moi, mais tu ne semblais pas m'entendre. Avec un regard qui s'accrochait à moi de toutes tes forces, tu m'avais répondu :

— Entre nous, on s'arrangera toujours... Je resterai dans un coin, je ferai ta couture.

Ces mots, boule dans ma gorge, m'étouffent. Comment dérouler le fil de ces souvenirs sans céder aux larmes ? Des regrets, j'en ai, bien évidemment. Je les transporte comme des cailloux dans ma chaussure. J'ai agi de mon mieux. Je l'ai cru, en tout cas. Et pourtant, il y a des nuits d'insomnies où le tribunal des remords me convoque : « Pourquoi ne l'as-tu pas emmenée chez toi ? Es-tu sûre d'avoir fait tout ce que tu aurais dû ? » Ces questions s'attardent au fond de moi comme cette plaque de neige qui ne veut pas fondre au fond de mon jardin.

Ma petite Moum, si tu savais combien il m'était insupportable de te laisser là-bas. J'avais tant de mal le soir à te quitter que, plusieurs fois, j'étais restée dans la salle à manger commune pendant ton dîner. Les repas étaient pour toi les pires moments de ta journée. Il faut reconnaître que ce monde de la désespérance n'offre pas un spectacle bien réjouissant ! On ne parle pas, on tousse, on bave, on renifle, on s'étouffe à la moindre miette. On n'entend que le bruit des couverts et les voix des aides-soignantes qui donnent la becquée aux plus décatis. Toutes s'expriment fort, avec un entrain exagéré pour se faire comprendre des malentendants.

Deux jours avant que tu nous quittes pour toujours, dès mon arrivée, les infirmières m'avaient annoncé que la nuit précédente, elles avaient dû t'enfermer dans ta chambre. Tu avais déambulé dans les couloirs et réveillé l'étage entier en tapant à toutes les portes avec ta canne. Si les médecins parlaient dans ton cas de « démence sénile », moi, je lui avais donné un tout autre nom : « désespoir ». Fallait-il que le tien soit grand pour que tu agisses ainsi, toi, la si discrète, toi, qui avais toujours peur de déranger, prête même à acheter des chaussures qui te faisaient un peu mal aux pieds pour ne pas obliger la vendeuse à retourner t'en chercher une autre paire ! Toi, qui toute ta vie n'avais jamais voulu faire de vagues, qui étais habitée en permanence par la crainte du qu'en-dira-t-on, que t'arrivait-il soudain, ma petite Moum ?

Je t'avais aidée à t'allonger sur ton lit, m'étais couchée derrière toi, tout contre toi, « en cuillère ». Et là, j'avais tenté de te rassurer, comme je l'aurais fait avec mes filles après un vilain cauchemar. Pour un instant, je devenais la tendre mère que tu n'avais pas eue et celle que j'aurais tant désiré que tu sois :

— Calme-toi, ma Moum, repose-toi. Une petite sieste te fera du bien. Tu dors très mal, la nuit, c'est normal que tu sois nerveuse et fatiguée.

En pressant ma main tu m'avais répondu :

— Heureusement que je t'ai.

Ces moments passés avec toi, que j'ignorais bien sûr être les derniers, se cramponnent à moi. Ils restent là, gravés pour toujours, tes derniers mots d'adieu, tes derniers mots d'amour. Tu étais allée les chercher tout au fond de toi pour me les offrir avant de t'en aller.

Deux nuits plus tard, ton cœur t'a lâchée « dans ton sommeil, sans que tu t'en rendes compte ». C'est ce que l'on nous a dit. Mais ma gorge se serre soudain ; et si ce n'était pas vrai, si te sentant partir tu nous avais appelés, et si... Ah, c'est trop dur de me l'imaginer.

Mes doigts ont dû s'arrêter un moment de courir sur le clavier. Cette plongée dans mes souvenirs encore si vifs me fait mal. Je ne vois plus clair à travers mes larmes...

Tous ces maux jetés dans ce livre se sont changés en « mots », et tant qu'ils nous parleront de toi, ma Moum, tu ne nous auras pas tout à fait quittés. S'il avait été possible de t'inhumer ici chez moi, en Normandie, j'aurais aimé planter tout contre toi un magnifique bouleau argenté. Tu m'avais dit un jour que tu trouvais jolis les petits éclairs d'argent sous ses feuilles quand le vent les faisait trembler. Je l'aurais donc choisi pour que ses racines t'enlacent à jamais ; pour que le moindre souffle d'air dans sa ramure te distille de jolis frous-frous ; pour que ses feuilles en automne te couvrent d'un tapis douillet ; pour que les oiseaux sur ses branches te donnent de nos nouvelles et te gazouillent des bêtises pour te faire rire ; et enfin, pour que l'écho de ton rire nous fasse sourire, chaque fois que près de cet arbre nous serions passés.

Mon père : « le Poup »

Charles, le plus jeune de mes frères, l'avait affublé de ce sobriquet. Il trouvait qu'il allait bien avec celui de « la Moum ».

Si les enfances lumineuses offrent des ancrages solides dans une vie d'adulte, d'autres, plus obscures, dévastées par la violence ou l'indifférence, handicapent fatalement l'avenir. Je ne dis pas que la mienne fut de celles-ci ; ce serait exagéré. Je sais juste que je n'ai jamais eu envie de la revivre. Ce ne sont pas tant les faits qui sont traumatisants, mais la façon dont je les ai vécus. Je ne peux pas parler de maltraitance. Mon père m'aimait. Il m'en donna des preuves plus tard. Mais ses origines et surtout son parcours, rude et sans affection, l'avaient conduit à ce raisonnement un peu simpliste : « Qui aime bien châtie bien. » C'était chose courante à l'époque. On n'élevait pas ses enfants, on les dressait ; sans imaginer les conséquences désastreuses que les châtiments corporels répétés pouvaient laisser derrière eux.

Bien que je n'aie pas été une enfant difficile, mon père avait pour moi, l'aînée de ses cinq enfants, le martinet facile. Ah, ce martinet ! Aujourd'hui, les jeunes ne savent même pas à quoi il ressemble. C'était un instrument de torture inventé par un sinistre crétin, qui permettait aux parents de battre leurs enfants sans trop se fatiguer. Composé d'un manche en bois auquel étaient fixées des lanières de cuir, il vous cinglait les mollets, vous laissant pour plusieurs jours des traces douloureuses.

Ce qui me révoltait le plus chez mon père, c'était qu'il ne m'accordait aucune justification, ne voulait rien savoir. Ça tombait direct.

C'était à n'y rien comprendre ; cet homme n'était pourtant pas dépourvu de sensibilité ni d'intelligence. Animé par le désir de s'instruire, il n'aspirait qu'à s'élever. Je revois encore sur une étagère de sa modeste bibliothèque sa collection de « Que sais-je ? ». Dommage qu'il y manquât un ouvrage de psychologie ; il aurait pu découvrir à quel point il faisait fausse route en matière d'éducation.

Un jour, il n'avait pas hésité à m'humilier en m'infligeant une fessée déculottée. À l'époque, si cette pratique était monnaie courante sur les très jeunes enfants, moi j'avais déjà treize ans. Treize ans et la pudeur de cet âge quand commencent à poindre les petits seins et les trois premiers poils pubiens. Imaginez l'outrage, la vexation ! Je me débats, hurle comme une forcenée... en vain. Je n'ai pas de mots aujourd'hui encore pour traduire l'intensité de mon indignation. Une indignation douloureuse qui m'avait conduite à penser que, dans ce comportement intolérable, il y avait sûrement quelque chose de sadique... de pervers. Même si ce fut la seule fois où le Poup osa un tel débordement, cette offense creusa un fossé qui me sépara de lui très longtemps. Plusieurs mois passèrent avant que je puisse lui adresser la parole. Un frisson d'aversion me parcourait l'échine à la simple idée de l'apercevoir. Le seul bruit de son pas suffisait à me faire disparaître dans ma chambre. J'organisais mes déplacements de manière à ne jamais le croiser. Pas facile dans un appartement ! On a la rancune virulente et tenace à l'adolescence.

Qui était-il, ce père, pour agir avec tant d'aveuglement ? Il est clair que son parcours de rigueur, de précarité, de carence affective et de sévices corporels n'avait pu l'aider à développer un potentiel de tendresse. Comme pour la Moum, leur itinéraire d'enfant gâché m'est apparu plus tard comme une explication.

Nous ne connaissions pas grand-chose de son passé. Il n'en parlait jamais, ou si peu. Nous savions seulement que sa vie n'avait pas commencé sous les meilleurs auspices. En plein cœur de la Bourgogne profonde, sa mère, une pauvre femme abîmée très tôt par une vie de misère, le confie tout de suite après sa naissance à l'Assistance publique. Il est ballotté de famille d'accueil en famille d'accueil. Jusqu'à l'âge de treize ans, il est garçon de ferme. Petit esclave, en somme. À seize ans, il se débrouille pour devenir apprenti boulanger. À dix-huit ans, il s'engage dans l'armée de l'air. Il y est à son aise, il aime les zingues, l'ambiance fébrile des bases aériennes, il réussit ses examens, passe des échelons. Et c'est à Alger où il est muté, qu'un soir, dans un bal de sous-officiers, ce jeune homme brun aux yeux clairs, si élégant dans son uniforme aux boutons dorés, fait *swinguer* une jolie jeune femme : ma mère. Leur mariage ne tarde pas. La Seconde Guerre mondiale éclate. Très vite, il est happé par ses obligations militaires. Et c'est au cours d'une de ses missions que j'ai vu le jour.

Il ne me reste rien de notre départ en avion de l'Algérie pour la France et de notre arrivée en Bourgogne. Quel mécanisme étonnant que celui de la mémoire ! Certains petits détails tout à fait insignifiants me reviennent quand des moments essentiels m'échappent.

Un trou de soixante-dix habitants

Mon père avait appris que, tout près de son village natal, Verrey-sous-Drée, la gérance du café-tabac-épicerie, avec logement à l'étage, attendait un repreneur. Il releva le défi, certain que sa femme viendrait à bout de ce tout petit commerce pendant qu'il serait en fonction à la tour de contrôle de l'aéroport militaire de Dijon où il avait été affecté. La situation semblait idéale… pour lui, en tout cas. Pour ma mère, outre le froid saisissant, le comble du comble fut l'absence d'eau courante dans la maison. Il fallait aller la chercher à la fontaine, qui servait aussi d'abreuvoir aux chevaux du village. Certes, elle n'était pas très loin, à une trentaine de mètres, mais plusieurs fois par jour, imaginez la corvée ! Et devinez qui, la plupart du temps, devait du haut de ses huit ans s'y coller ? Moi, l'aînée. Entre mes chutes sur la chaussée verglacée, mes deux seaux pleins à ras bord, mes demi-tours pour les remplir à nouveau, mes mains rougies et crevassées qui brûlaient au contact de l'eau glacée et ces fichues engelures qui me faisaient tant souffrir dans mes chaussures... je ne cherche pas à me faire plaindre, mais c'est vrai que pendant cet hiver particulièrement rude, j'en ai quand même bavé.

J'ai dû m'investir très tôt dans un rôle d'auxiliaire maternelle. Je l'assumais sans trop rechigner. Il me semblait normal de m'occuper de mon frère et de mes petites sœurs jumelles. La seule chose qui me dérangeait beaucoup, mais vraiment beaucoup, était d'aller vider les seaux hygiéniques dans la cabane au fond du jardin.

Ma mère, loin de son soleil chéri, de ses sœurs et de ses amis, n'arrivait pas à comprendre comment son mari avait pu l'embarquer dans cette galère avec leurs quatre enfants. Elle ne supportait plus l'hostilité sournoise, les plaisanteries douteuses ou le mutisme bourru des paysans accoudés au comptoir de notre petit bar. Comment nous voyaient-ils ? Comme des étrangers, des « Pieds-noirs » ? Pas comme des leurs, en tout cas.

Mon père avait pourtant déployé des efforts. Il alla même, pour faire comme tout le monde, jusqu'à m'envoyer à la messe et au catéchisme. Lui, si virulent dans son anticléricalisme et qui se plaisait à dire « Je suis athée, grâce à Dieu ! », j'imagine combien cela avait dû lui coûter !

Quant à moi, si j'aimais bien le parfum de l'encens et chanter les cantiques, je me serais bien passée du confessionnal et des prêches du curé.

Aujourd'hui, j'entre dans les églises pour en admirer la beauté architecturale ou écouter des concerts. L'encens a toujours pour moi une odeur de mystère et d'éternité. Jésus sent toujours *divinement* bon. J'aime aussi le silence si particulier qui y règne ; il m'impressionne et m'apaise. Mais tous ces charmes s'évaporent sitôt le bout de mon nez dehors.

La certitude de la présence de Dieu en ce monde m'a toujours laissée perplexe. S'Il existe, Lui et moi avons toujours entretenu de bonnes relations. Je ne fais rien, il me semble, pour Le froisser, et je suppose que s'Il avait quelque reproche à me faire, Il se manifesterait.

Je n'ai donc hérité d'aucune croyance religieuse. Si je respecte tous ceux dont la foi est sincère, il y a des jours où je me demande si la religion ne donne pas de l'espoir là où il n'y a rien à espérer, et de la peur là où il n'y a rien à craindre. Vaste question !...

Je m'évade, me disperse. Mon goût inné pour le vagabondage m'entraîne une fois encore ailleurs, quand je ferais mieux de revenir à ce petit village, ce trou de soixante-dix habitants : Verrey-sous-Drée. Prononcer son nom fait naître en moi, aujourd'hui encore, une émotion indéfinissable, comme s'il avait le pouvoir, par-dessus ces nombreuses années, de réveiller tout un univers de sensations. C'est vraiment là-bas qu'est née mon attirance pour la nature. En Normandie, où j'habite aujourd'hui la plupart du temps, tout ce qui m'entoure me réjouit tant que je suis incapable parfois de faire autre chose que de me livrer tout entière à la contemplation.

La parenthèse rurale de Verrey-sous-Drée se referme, la famille déménage pour rejoindre la civilisation : Dijon.

Bien mentir : un travail d'artiste

Si la rigidité de mon père a autant entamé mon assurance, l'école primaire l'a définitivement ébranlée. Les enseignants estimèrent arbitrairement que, venant d'Alger et après une année à la campagne, je devais redoubler ma classe de CM1. Je me suis bien sûr retrouvée sans effort en tête de classe. Mais à la rentrée suivante, tout s'inversa. À l'époque, on accédait au secondaire après un examen d'entrée en sixième. Mon père, croyant bien faire puisque j'en avais l'âge, décida de me le faire passer. Et je ne sais par quel miracle, je le réussis, alors qu'il me manquait une année pour être à niveau. Personne n'ignore à quel point l'année qui précède la sixième est capitale. Aussi, de première de classe, je devins lanterne rouge. J'étais perdue. Tout me parut hostile dans ce collège, tout ! Du rejet de mes camarades – comme si ma *cancrerie* était contagieuse –, au mépris sadique des professeurs. Ce n'était pas auprès de mes parents que je pouvais attendre le moindre réconfort ; pour eux, les enseignants étaient intouchables, dignes du plus grand respect. Le problème ne pouvait donc venir que de moi, de ma paresse et de ma mauvaise volonté.

Cette scolarité douloureuse m'a très longtemps poursuivie. J'en percevais encore les affres lorsque je devais me rendre au collège de mes filles pour rencontrer un professeur. À la simple vue des pupitres alignés et du tableau noir, je me sentais oppressée. Je ressortais de ces rendez-vous les mains et le front moites, épuisée par mon effort titanesque à vouloir paraître à l'aise.

Dans ma classe de sixième, je m'étais fait remarquer des autres élèves par une disposition très utile : celle d'inventer des mensonges. Des petits, des gros, tous adaptables aux circonstances. Je ne les imaginais pas uniquement pour moi, mais aussi pour mes bonnes camarades. Je compensais ma nullité scolaire par une créativité inépuisable. Je n'en éprouvais absolument aucun scrupule, au contraire, plutôt un plaisir certain à rendre service. En échange, j'étais remerciée en friandises, en barrettes à cheveux, mais surtout en rendus d'exercices de maths. Ah, ces maths !... Je les maudissais !

Mais il ne faut pas croire, bien mentir n'est pas donné à tout le monde. Cela demande de l'imagination, de l'application et même une grande subtilité. C'est un travail d'artiste. Mais « mentir », n'est-ce pas aussi un moyen de déserter la réalité au profit du rêve ? Cette singulière aptitude m'a beaucoup aidée dans ma carrière d'auteur pour la jeunesse. Le mensonge, d'ailleurs, m'a inspiré un conte : *Claire Delune, une maîtresse extraordinaire*. Il s'agit d'une petite fille qui ne peut s'empêcher de mentir, et que sa maîtresse, Claire Delune, mi-fée, mi-sorcière, réussit à guérir grâce à la musique de Beethoven.

Dès mes premiers ouvrages pour la jeunesse, j'ai privilégié une réelle volonté de divertir, avant même toute démarche pédagogique. J'écris finalement des histoires pour l'enfant que j'étais ; celle pour qui tout apprentissage sans plaisir était voué à l'échec.

On me demande souvent comment naissent mes idées. C'est un peu mystérieux, cette affaire-là. J'oublie presque toujours comment elles germent. Le travail, l'imagination et l'expérience, associés à la sensibilité et à la passion, sont devenus, *à force d'à force*, un certain savoir-faire.

Je suis certaine qu'en sixième les rédactions auraient pu me plaire, encore aurait-il fallu que la prof de français ait su m'en donner le goût. Cette femme avait la fâcheuse habitude de nous flanquer des zéros pour un rien. Une réplique qu'elle jugeait arrogante : 0. Un livre oublié : 0. Éternuer trop fort : 0. Protester : 0. Laisser tomber un crayon : 0. Une folle, quoi !

Je repense à une scène... à l'un de ces clins d'œil du destin qui me troublent et m'amusent.

Un jour, pour m'humilier sans doute, elle avait claironné à toute la classe mes notes trimestrielles qui se terminaient par 0, 0, 7. Et je me souviens, moi, d'habitude si effacée, aussi discrète qu'une virgule dans un roman de cinq cents pages, avoir réagi à ce brillant palmarès par un : « Tiens, comme James Bond ! » Autour de moi, on gloussa, et j'écopai d'un zéro de plus.

Le livre de Ian Fleming, le premier James Bond, *Casino Royale,* venait de sortir avec un énorme succès. Tout le monde en parlait. C'était en 1953. Impossible d'imaginer ma tête si, à ce moment-là, quelqu'un m'avait prédit que, cinquante-trois années plus tard, ce serait ma fille, Eva, qui incarnerait l'héroïne féminine de la nouvelle version au cinéma de ce même *Casino Royale* !

Notre prof de dessin, dans un genre différent, mais tout aussi extravagant, était une grande rousse toujours mal coiffée. Une sosie de l'Yvette Guilbert de Toulouse-Lautrec. Elle avait des gestes saccadés, et parfois, elle fredonnait comme ça, pendant son cours. C'est elle qui me fit découvrir que je pouvais être intéressante dans un autre domaine que le mensonge.

En début d'année, elle m'avait surprise en train de l'imiter. Vexée, elle avait déménagé mon chevalet au fond de la classe et, depuis, faisait mine de m'ignorer. Et un jour, en passant derrière moi, elle s'arrêta :

— Mais c'est bon, ça ! C'est même très bon... Vous, alors !

De *brebis galeuse,* je devins *chouchoute* ! Belle promotion !

Dans les petites classes, les maîtresses trouvaient que je me débrouillais bien en dessin, mais là, j'étais félicitée par une spécialiste... Dès lors, je me suis mise à dessiner avec frénésie.

Il suffit parfois d'un rien pour faire naître une vocation.

Ah, si les profs savaient combien un simple petit compliment peut, dans le cœur d'un cancre, se déployer comme les ailes d'un oiseau !...

Les baisers du soleil

Ma première histoire d'amour est liée à mes taches de rousseur. Je ne sais pas si ma notoriété a contribué à ce qu'elles deviennent à la mode mais, dans ma jeunesse, elles ne l'étaient pas du tout. L'adolescence les avait fait flamber, exploser. Un vrai feu d'artifice ! Chaque fois que je rentrais d'un moment passé au soleil, j'avais droit aux hochements de tête catastrophés de ma mère. Au lieu de m'épargner, puisqu'on ne pouvait rien y changer, elle me persuadait un peu plus que ces taches étaient une calamité. Pour tenter de les faire disparaître, j'ai tout essayé. Après le citron, le vinaigre et même l'urine, qui ne réussirent qu'à irriter ma peau, j'eus recours au fond de teint.

Ce camouflage me comblait, je ne sortais plus jamais sans lui. Je les ai donc maudites, ces diablesses, jusqu'à ce fameux matin... où j'ai croisé François.

Le plus timide, mais pas le plus vilain, des garçons de mon quartier semblait me trouver à son goût, sans jamais me l'exprimer clairement. Il osa pourtant me le prouver, un dimanche matin et de la manière la plus séduisante qui soit. En sortant de la boulangerie, me découvrant sans fond de teint, il m'avait dit que j'avais tort de vouloir cacher mes taches de rousseur. Pour lui, elles étaient comme des petites brûlures que le soleil m'aurait faites en voulant m'embrasser, le jour où je le regardais à travers une passoire. Qu'elles n'étaient, en somme, que des baisers du soleil.

Face à une telle déclaration, comment ne pas craquer ? J'ai craqué.

À chacun de nos rendez-vous, François me donnait un billet doux que je devais lire une fois seule. Ses petits mots romantiques me rendaient de plus en plus amoureuse. Je les gardais comme un trésor en les cachant bien.

Mais un jour, en arrivant à la maison, je les découvre déchirés sur la console de l'entrée. Je devine instantanément ce qui m'attend. Mon père m'envoie une gifle, mais une gifle si forte « que l'mur, il te l'rend », comme on disait à Alger. Que mon père ait osé violer mon intimité en fouillant dans mes affaires m'avait profondément révoltée. Des crachats de rage noyaient mon cœur. L'immense fossé qu'il avait déjà creusé entre nous allait s'agrandir un peu plus. Je ne supportais plus sa violence, encore moins l'intense mépris qu'elle m'inspirait.

Puis arrivent les grandes vacances : mon amoureux et ses parents déménagent. Son père, militaire comme le mien, est muté à l'étranger. À mon chagrin d'amour s'ajoute alors un autre souci : que va-t-on faire de moi à la rentrée ? À quatorze ans passés, je ne pouvais plus décemment redoubler ma sixième. Mon père, désespéré par mes résultats scolaires, mais que mon coup de crayon étonne, accepte que je tente l'École des beaux-arts. Je passe l'examen d'entrée et le réussis.

Je ne sais pas si, dans d'autres conditions, j'aurais fait de longues études, mais combien de fois ai-je éprouvé le regret de n'avoir pu les poursuivre ! Un bagage culturel un peu moins sommaire m'aurait fait gagner du temps, de l'assurance, et sûrement aidée à mieux décrypter le monde qui m'entourait. Je me suis donc construite comme j'ai pu au fil des années, avec l'acharnement un peu désordonné des autodidactes.

Mais, même si plus tard j'ai rencontré la réussite, ce complexe d'infériorité ne m'a jamais vraiment tout à fait quittée. Souvent, très souvent, j'ai éprouvé l'inconfortable impression d'être « entrée sans payer », d'avoir usurpé ma place.

Si aux Beaux-Arts je me passionne pour ce que l'on m'enseigne et me sens enfin à l'aise, à la maison, rien, absolument rien ne change : mon père est toujours aussi réticent à me laisser sortir avec les jeunes de mon âge. Pourtant, mon adolescence était bien sage, comparée à celle que certains jeunes infligent à leurs parents, surtout aujourd'hui.

J'ai vécu celle de mes filles comme un passage obligé et pas très facile. Je me demandais d'où venaient tout à coup leurs regards mauvais, leurs yeux levés au ciel quand on leur adressait la parole, leurs soupirs excédés, leurs airs de « Je déploie des trésors de patience pour ne pas exploser ». Nous n'osions pas cette insolence avec nos parents. Même si, pour nous, ils paraissaient également déconnectés de nos réalités, nous avions au moins la décence de le dissimuler.

Aurais-je été une meilleure mère si je m'y étais prise autrement ? J'ai essayé, avec une belle dose de bonne volonté, d'être « à la hauteur », comme on dit. Je pensais parfois à cette réponse de Sigmund Freud à l'une de ses patientes qui l'interrogeait sur ses capacités à être une bonne mère : « Madame, quoi que vous fassiez, vous ferez toujours mal. » Voilà qui est déculpabilisant. J'ai donc fait de mon mieux, tenté de leur transmettre ce qui me paraissait essentiel. Enfin, toutes ces valeurs fondamentales qui nous construisent. Et même si l'expérience des parents est aussi utile qu'un peigne pour les chauves, quand je vois aujourd'hui les deux jeunes femmes qu'elles sont devenues, je me dis qu'elles ont bien dû attraper au vol quelques-unes des clés que nous leur avions tendues !

À présent, les rôles s'inversent, et cela m'amuse. Ce sont elles qui me maternent, me protègent ou me grondent pour ma distraction, mon côté un peu trop casanier, ou quand je ne me nourris pas selon les bons principes diététiques que je leur ai moi-même enseignés. Elles, que je revois encore, bavoir autour du cou, recevant la becquée et me crachant gentiment la purée au visage, osent me donner des conseils.

Si les bras de ma Moum m'ont manqué, j'aimerais que les leurs ne cessent de s'allonger pour qu'autour de moi ils fassent plusieurs fois le tour. Quand elles liront ces lignes, je les imagine se moquer d'abord gentiment de moi, puis venir déposer leur émotion, là, dans le creux de mon cou. Je les attends.

À ce stade du récit de ma vie, j'imagine le lecteur se demander : « Mais ce surprenant destin d'actrice... quel en a été le déclic ? Quand va-t-elle enfin nous en parler ? »

Le déclic

À quatorze ans, mon frère Guy jouait déjà très bien de l'accordéon. Il remportait des prix, des coupes, des concours locaux, avec même parfois l'honneur des journaux ; « une gloire locale », mon petit frère ! Mon père, très fier de lui, l'avait laissé se produire tous les samedis avec la troupe artistique de l'armée de l'air. Je le revois encore si attendrissant sur scène, avec ses grosses lunettes, ses culottes courtes, ses maigres guiboles et ses chaussettes – en accordéon, elles aussi ! Et j'étais un peu jalouse. Pas de lui, qui sincèrement m'épatait, mais de sa liberté. Plus jeune de deux années, il avait la possibilité de sortir le samedi, alors que moi...

Un samedi après-midi, le directeur de cette petite troupe, le sergent Taillefer – c'était vraiment son nom –, vient le chercher. Histoire de dérider ma mine ronchonne, il me demande si, à part dessiner, il y a autre chose qui m'intéresse dans la vie. Et moi, pensant : « Qu'est-ce que ça peut bien lui fiche ? », je lui balance avec aplomb :

— Non, rien.

Mon père, que le ton insolent de mes seize ans agace, me fixe. Alors, pour avoir la paix, j'ajoute, l'air excédé :

— La poésie à la rigueur.

Et voilà que ce bougre de sergent insiste, il veut que je lui récite un poème. Je me souviens très bien d'avoir choisi « La grasse matinée », de Jacques Prévert. Je n'ai pas oublié non plus la réaction de mon père après ma dernière phrase. Il avait esquissé un léger sourire, s'était raclé la gorge et caressé la nuque. Il avait ce geste chaque fois qu'il était troublé, gêné, ému, ou quand les mots lui manquaient.

Finalement, l'adjudant-chef Jobert se laissa assez vite convaincre par la proposition du sergent Taillefer : pourquoi, dans le spectacle de la troupe, n'aurais-je pas un petit répertoire de poèmes ?

Et c'est ainsi que tout commença.

Mon attirance pour ce métier n'était donc pas une passion ancrée en moi depuis l'enfance. Je souhaitais avant tout m'échapper de temps en temps de la maison. Quand la première occasion s'est présentée, je l'ai attrapée au vol et à bras-le-corps, comme une naufragée une bouée.

Tous les samedis, nous partions en car avec mon frère, entourés de jeunes troufions, tous des artistes professionnels réunis par l'obligation du service militaire. Enfin je m'amusais un peu.

Ma myopie a été un sérieux atout et je lui dois vraiment beaucoup. Sur scène, sans lunettes, aveuglée par les projecteurs, il m'était facile de faire preuve d'audace. La salle, pour moi, n'était qu'un trou noir béant. Devant ce vide vertigineux, j'affichais une aisance hors du commun qui passait pour de l'expérience.

Taillefer me suggéra alors de suivre les cours du soir au Conservatoire d'art dramatique de Dijon.

Je vais y découvrir la beauté de notre langue à travers les textes classiques, et même si je ne les comprends pas toujours, j'aime les dire, respecter le rythme des alexandrins, ou les malmener pour les rendre plus vivants.

Aux Beaux-Arts, dans la section Arts graphiques, j'apprends les contraintes du lettrage, de la composition et de la mise en page. Je me débrouille plutôt bien dans la création d'affiches et d'emballages. Je concrétise des idées ; je suis dans mon élément. J'aurais été presque comblée si mon père ne s'était pas obstiné, encore et toujours, à me garder la bride serrée. Que n'ai-je pas inventé pour avoir le droit de m'envoler parfois ! L'absurde s'y mêlait : quand je disais la vérité, mes parents refusaient de me laisser sortir, alors que mes mensonges passaient haut la main.

Mon père me surprend...

Début 1957, le Poup est affecté à Madagascar. Toute la famille l'accompagne, sauf moi. Je poursuis mes études aux Beaux-Arts et au Conservatoire, sous la surveillance discrète de gentils voisins. Je n'ai que dix-sept ans. Bien sûr, tout de suite, je veux profiter de ma toute nouvelle liberté. Mais, à croire que braver les interdits avait été jusque-là ma seule motivation, je n'éprouve plus l'envie de sortir. Après deux ou trois bals, j'en ai déjà assez. Les rocks endiablés encore, ça défoule un moment, mais avec les slows langoureux dans les bras d'inconnus qui ne pensent qu'à flirter, j'ai vite l'impression de perdre mon temps. J'ai mieux à faire pour occuper mes soirées. Je vais plancher des nuits entières : « faire charrette », comme on dit aux Beaux-Arts, sur des maquettes publicitaires. Et ça me passionne véritablement.

Un matin, je trouve au courrier une lettre de mon père. Sa dernière phrase m'intrigue : « Si un jour tu as quelque chose à me confier, ne m'écris pas à la maison, mais à la base aérienne de Tananarive. »

Le mot « confier » me touche. C'est comme s'il m'avait dit : « Tu peux me faire confiance...

et je t'aiderai... » Mais pourquoi me dit-il cela ? Qu'imagine-t-il que la Moum ne devrait pas savoir ou ne pourrait comprendre ? Que redoute-t-il au juste ? Qu'un vil enjôleur vienne *suborner* sa fille ? Je n'avais pas d'amoureux. J'étais vierge et je tenais à le rester encore un peu, mais je me voyais mal le tenir au courant.

Sa lettre me trotte encore dans la tête un jour ou deux, et puis je n'y pense plus.

Au Beaux-Arts, je fais preuve de tant d'application que mes professeurs me proposent d'entrer en section Arts déco et de tenter le C.A.F.A.S. (certificat d'aptitude à la formation artistique supérieure). Mais pour se présenter à cette épreuve, il faut au préalable fournir un dossier constitué de ses meilleures réalisations. Le mien, trop léger, est refusé. L'un de mes professeurs me réconforte et m'affirme que je réussirai sans problème l'année suivante.

C'est alors que le hasard, ce presque rien, cette folie de l'inexplicable va changer le cours de ma vie. Dans la conversation, allez savoir pourquoi, je mentionne que je dois passer très prochainement le concours de fin d'année du Conservatoire qui se déroule devant un public et au grand théâtre de Dijon. Il me demande s'il peut y assister. Le jour arrive. Je rafle le premier prix de comédie. Je tombe sur lui dans une brasserie voisine du théâtre. Là, il m'affirme, avec une assurance inébranlable, que je suis faite pour être comédienne, que je dois absolument tenter ma chance et que pour lui, tenter sa chance, c'est *monter* à Paris. J'en suis toute chamboulée.

Dès le lendemain, en cours, il me donne l'adresse d'un établissement parisien à contacter pour obtenir des renseignements. Jusque-là, le théâtre me plaisait bien, mais de là à tout abandonner pour m'y consacrer tout entière !... Et puis, à quoi bon rêver ? Mon père n'accepterait jamais de me laisser vivre seule à Paris. Je repense à la dernière phrase de sa lettre : « Si tu as quelque chose à me confier, ne m'écris pas à la maison mais... » Eh bien oui, j'ai quelque chose à lui confier et je me lance : je lui annonce d'abord que j'ai obtenu le premier prix de comédie, puis, que, rue Blanche à Paris, il existe une école d'art dramatique d'État gratuite qui prépare au concours d'entrée au Conservatoire national. Je lui demande donc ce qu'il penserait si je m'engageais dans cette voie. Sincèrement, pour une fois, j'aurais très bien compris son refus. Un refus qui m'aurait peut-être même soulagée : je n'aurais plus eu à me sentir écartelée entre Arts déco et art dramatique.

Dix jours passent et sa réponse arrive : « Attends un peu. Laisse-moi le temps de mettre ta mère au courant, il faut l'habituer tout doucement à cette idée, et envoie-moi tous les documents concernant cette école d'art dramatique. »

Sa confiance inattendue balaie d'un coup toutes mes appréhensions, m'insuffle le courage qui me manquait, me donne des ailes. Je m'envole, me cogne au ciel...

Deux semaines plus tard, je reçois la documentation et la fiche d'inscription. Je les lui envoie aussitôt. Catastrophe : c'est la Moum qui ouvre l'enveloppe ! Dans mon exaltation, je l'avais adressée chez eux plutôt qu'à la base aérienne, et mon père n'avait pas encore osé la prévenir. J'appris plus tard quel tsunami ma bévue avait provoqué. Pour la Moum, mon père allait me laisser commettre une folie que je regretterais toute ma vie...

À suivre...

Deuxième partie

À nous deux, PARIS

Je ne me sens pas très audacieuse, mais j'ai su tout de même parfois faire preuve d'une certaine hardiesse. Ne soyons pas trop modeste ! Je *monte* à Paris et je réussis l'audition d'entrée au Centre d'art dramatique de la rue Blanche. J'ai droit à une bourse et mon père m'envoie tous les mois un petit complément. Il ne se rend absolument pas compte de mes besoins, mais je suis fière, je me débrouille, me contente de peu. Comme les autres élèves, je cumule des petits boulots : serveuse, baby-sitter, ainsi qu'un autre plus pittoresque, *dance-girl* dans une petite école de danse pour personnes âgées. Mais servir de partenaire à de vieux messieurs aux gestes fragiles et aux mains baladeuses me lasse vite. Surtout pour une misère : huit francs l'heure. Ce n'était pas très agréable non plus de rentrer la nuit avec *Pétoche* et *Chocotte* comme seules compagnes. Je logeais à l'autre bout de Paris, dans une chambre de bonne au sixième étage sans ascenseur, à peine plus grande qu'un placard, éclairée par un minuscule vasistas, avec w.-c. à la turque et filet d'eau glacée sur le palier !

Je fais aussi de la figuration au cirque dans un sketch d'Achille Zavatta. Je me rappelle qu'un soir, en plus de mon cachet de la semaine, il m'avait tendu un billet de cinquante francs. C'était énorme pour moi. Ce geste paternel, ce cadeau inattendu m'avait beaucoup touchée. Je vivais tellement dans la restriction.

C'est curieux comme ces manques de ma jeunesse sont restés ancrés en moi ! Il m'arrive aujourd'hui encore d'avoir des réflexes de prudence, comme si je me sentais toujours matériellement vulnérable.

Il y a peu de temps, je suis tombée sur un livre de Sophie Carquain. Elle y relate de façon romancée et avec sensibilité les relations entre Marguerite Duras et sa mère. Duras, dont on connaît l'origine très modeste, a toute sa vie vécu comme si son enfance misérable en Cochinchine la hantait toujours, allant jusqu'à coudre ses vêtements au lieu d'en acheter et à dissimuler des billets sous son matelas...

J'ai, quant à moi, vite mesuré la précarité de notre métier. Dès mes premiers gros cachets, j'ai acheté un appartement à ma mère et une petite maison en Normandie où j'allais pouvoir me poser loin du tourbillon parisien et accueillir ma famille et mes amis. J'ignorais encore à quel point j'allais l'aimer, cette petite maison.

Je retiens de mes premiers mois à Paris une extrême solitude. J'écris cependant à mes parents que tout va bien, même si je ne mange vraiment à ma faim qu'un jour par semaine ; celui où je m'invite à déjeuner en banlieue chez ma tante Simone, l'une des sœurs de Maman. Grâce à cette femme et à la douce complicité qui se tisse entre nous, ma vie va prendre un peu de couleurs. Je la revois, dans sa petite cuisine, repasser en chantant sur des opérettes diffusées à la radio et je la sens ravie que moi, l'artiste de la famille, lui reconnaisse une jolie voix.

Elle et ma mère s'aimaient beaucoup. Quand je pense à leur belle connivence, c'est toujours la même scène vivante et claire qui me revient en mémoire. Elle se situe beaucoup plus tard, les sœurs étaient alors devenues deux vieilles dames : un après-midi, je rends visite à ma Moum. Sur son palier, j'entends son disque favori, « Le Métèque » de Georges Moustaki. Ce jour-là, la chanson est accompagnée de rires, de rires éclatants et contagieux. Je sonne ; personne ne vient m'ouvrir... De sa voix de velours, Moustaki, le pâtre grec, poursuit placidement de son côté... Je sonne de nouveau... Aucun résultat... Comme j'ai sa clé, j'ouvre. Et je vois mes deux petites vieilles de dos, appuyées à la balustrade de la fenêtre grande ouverte et pliées de rire. Entre le disque qui tourne à plein régime, les bruits de la rue et leur début de surdité, elles ne m'ont pas entendue sonner, ni entrer. Pour ne pas les faire bondir, elles qui risquaient l'infarctus au moindre sursaut, j'ai attendu sans bouger. J'aurais pu rester des heures ainsi devant le spectacle qu'elles m'offraient. Il fallait entendre les reparties de ma Moum se moquant des passants pour amuser sa sœur ! C'était tellement réjouissant de les voir se divertir de petits riens, que je ne peux évoquer ce souvenir qu'avec de la buée dans les yeux. Si je leur avais évité un arrêt cardiaque, je n'avais rien pu faire quand ma tante se retourna avec une envie pressante. Sa surprise fut si grande en me découvrant, qu'elle, si délicate et soignée, ne réussit pas à contrôler sa vessie. Et je l'entends encore glousser en serrant les genoux :

— Ouh la la ! Ouh la la, mais ce n'est pas possible, pas possible ! C'est trop fort ça... !

Je l'ai encore dans les oreilles, son rire tout rentré. Elle ouvrait à peine la bouche. On aurait dit un vieux tacot qui n'arrivait pas à démarrer.

Les souvenirs font ce qu'ils veulent... Je les attrape au vol quand ils jaillissent.

À l'école du théâtre

C'était notre professeur, Robert Manuel, qui décidait de notre montée sur l'estrade pour présenter une scène. Prêts ou non, il ne voulait pas le savoir. Pour ceux qui, comme moi, travaillaient les personnages légers, demandant une certaine fantaisie, il aimait répéter qu'interpréter pour faire rire est rarement efficace ;

que c'est la situation comique jouée à fond, avec sincérité, qui provoque l'hilarité. Il nous disait également qu'il ne fallait jamais jouer pour le public, même si nous étions friands de ses réactions ; ne jamais aller à la pêche aux effets ; ne jamais outrer son jeu, même si cela faisait naître chez nous une certaine jubilation... Nous écoutions distraitement ses conseils, mais c'est plus tard qu'ils prirent toute leur importance.

Le véritable plaisir de jouer, je l'ai surtout ressenti au théâtre. Être sur scène et recevoir en direct la reconnaissance du public procure des sensations incomparables. Il y a des jours où l'on sent que l'on décolle, que l'on vit un moment exceptionnel. Au cinéma, il est difficile d'avoir la même sensation, on est un peu coupé en rondelles au gré de la volonté du metteur en scène et du monteur. Pourquoi alors n'ai-je pas fait davantage de théâtre ? Pour plusieurs raisons. Avant tout, je crois par manque de courage ; mon trac avait du mal à me lâcher. Jouer était pour moi une source de stress, et le stress, je ne courais pas après. De plus, les engagements à long terme m'ont toujours un peu effrayée : au bout d'un certain temps, je finissais par m'ennuyer. L'idéal aurait été de pouvoir m'arrêter au moment où je commençais à me lasser. Mais, à l'époque, il n'était pas question de jouer une pièce pour un nombre limité de représentations. On signait pour la durée, six mois, trois ans ou même davantage. Tant qu'il y avait des spectateurs. Et enfin, l'idée de me soumettre à la terrible règle stipulant que « le spectacle doit continuer quoi qu'il arrive » me paraissait inhumaine.

Certains médecins discrets ont des secrets qui permettent de tenir les deux heures de la représentation quel que soit son état. Même s'il faut entrer en scène dans un brouillard cotonneux, faire *son job* en pilotage automatique avec la sensation d'avoir oublié son cerveau dans sa loge. Cela m'est arrivé une fois. Dans n'importe quelle autre profession, on m'aurait autorisée à rester au lit, et pour plusieurs jours. Mais je pense surtout aux tragédies dévastatrices, celles qu'ont vécues Michel Serrault, Romy Schneider ou Roland Giraud après le décès de leur enfant. Le public s'étonne de les voir le soir même parfois sur les planches. Ce n'est pas qu'ils aient plus de courage, ni qu'ils soient faits d'un bois plus dur, mais ils n'ont aucun autre moyen d'échapper quelques instants à leur détresse.

Romy, après la mort accidentelle de son fils David, avait aussi voulu que son film *La Passante du Sans-Souci* se tourne malgré tout. Mon ami Dominique Besnehard en avait fait le casting. Il raconte dans son livre *Casino d'hiver*[1] que Romy trouvait que le petit garçon choisi pour jouer le rôle de son enfant dans le film ressemblait beaucoup trop à David. Au point de demander qu'il soit remplacé. Mais cela n'avait pas été possible. Il était trop tard, on avait dû le garder.

1. Éditions J'ai lu, 2016.

Quelle épreuve pour Romy ! J'en ai des frissons. Elle est morte peu de temps après la sortie de ce film. On a trouvé des raisons médicales à son décès, mais n'est-ce pas son chagrin surtout qui l'a emportée ?

Franka et ses frères

À l'École d'art dramatique, je m'étais très vite liée avec une élève dont la gaieté et l'enthousiasme constants revigoraient tous ceux qui l'approchaient : Françoise Hamburger. Elle me conviait souvent à dîner dans sa famille. Elle ne se doutait pas alors de l'impatience avec laquelle j'attendais ses invitations pour échapper à mes soirées de solitude et à mon pitoyable sandwich. Venir prendre chez eux une bouffée d'art de vivre, découvrir ce qu'il est convenu d'appeler *le bon goût* me faisait un bien fou.

Son père, professeur de médecine de renommée mondiale, avait quitté sa femme et ses enfants quelques années plus tôt et les avait totalement rayés de sa vie. Et eux, tout en cachant dignement leur peine, essayaient d'en faire autant. Françoise, que nous appelions Franka, n'en parlait jamais et n'avait pas trop envie qu'on la questionne sur ce sujet sensible.

Sa maman, pianiste concertiste, paraissait un peu sévère au premier abord. Son sourire était rare, mais lorsqu'elle vous l'offrait, il surprenait par sa douceur. Le frère aîné, Bernard, suivait des études d'architecture et me faisait une cour discrète. Moi qui craignais toujours de paraître insignifiante, je me sentais exister tout à coup. Je n'étais pas d'une beauté renversante qui consume les cœurs dans son sillage, mais j'étais charmante, rigolote parfois. Sans doute parvenais-je à travers mes silences et mes sourires malicieux à faire illusion.

Je me souviens que, pour me mettre à l'aise, Franka – ce tourbillon de joyeuse énergie – ne cessait de me répéter : « Mais détends-toi, tu es ici chez toi ! » Impossible... je ne pouvais retenir une attitude d'invitée.

Franka était donc pour moi une amie stimulante et précieuse. Aujourd'hui encore, elle conserve ce dynamisme. J'aime sa façon bien à elle d'emballer la vie dans du papier cadeau ; du genre à couvrir une table de bougies de fête, quand bien même il n'y aurait que des sardines en boîte ou des coquillettes à dîner.

Comme leur maman, Franka et son plus jeune frère Michel jouaient du piano. Celui-ci, âgé de treize ans à peine, se débrouillait déjà très bien.

Quelques années plus tard, ma notoriété pointant le bout de son nez, Franka me demanda si, pour la sortie du tout premier 45 tours de son petit frère qui débutait dans la chanson, j'accepterais un reportage photo avec lui. Après la séance, ils me firent écouter son disque. Et là, j'eus un mal fou à m'enthousiasmer. Ni sa voix, ni ses textes, ni sa musique ne m'emballaient. Selon moi, le pauvre petit Mimi ne réussirait jamais dans cette voie, j'en étais persuadée et profondément désolée pour eux.

Plusieurs années passent... et mon infaillible flair va en prendre un coup : sur les ondes et à la télévision, on commence à parler beaucoup du petit Michel. Il se dit même que, parmi la nouvelle génération de chanteurs, il se fait remarquer pour ses talents d'auteur-compositeur ! Intriguée, j'écoute plus attentivement... et comme tout le monde, je suis séduite par « Message personnel », chanté par Françoise Hardy, ou « Si maman si », par France Gall, et par une kyrielle de jolis textes et mélodies qui n'en finissent toujours pas de me caresser l'oreille et le cœur. Comme des millions de Français, je suis devenue fan inconditionnelle, et comme des millions de Français, j'éprouverai chagrin, révolte et sidération en ce mois d'août 1992, ce jour atroce où il s'en est allé dormir dans son « Paradis blanc[1] ». Texte prémonitoire d'une de ses dernières chansons, écrite à peine deux années plus tôt :

« Je m'en irai dormir dans le paradis blanc
Où les nuits sont si longues qu'on en oublie
le temps
Tout seul avec le vent
Comme dans mes rêves d'enfant
Je m'en irai courir dans le paradis blanc
Loin des regards de haine
Et des combats de sang. »

1. Michel Berger, « Paradis blanc », © WEA Music, une division de Warner Music France.

Quand j'entends ses chansons délicates et intemporelles interprétées par lui ou par d'autres, ou quand je le revois dans des émissions de télévision qui lui rendent hommage, ma gorge se serre, je ne peux supporter l'idée qu'il soit déjà parti.

Ce poète si sensible, ce grand homme que j'ai connu tout petit, c'était... Michel Berger.

*

C'est surtout ici, dans ma maison en Normandie, que je prends le temps d'écouter les chansons des grands auteurs. En ce moment, trois d'entre eux n'en finissent pas de traîner leurs fantômes mélancoliques sur mes canapés. Brel me chamboule l'âme... Quel talent avait-il, celui-là !

Dans son « Plat Pays[1] » j'entends les vagues. Les yeux me piquent à la brume salée de ses embruns, à moins que ce ne soit à celle de mes larmes.

« Avec la mer du Nord pour dernier terrain vague,
Et des vagues de dunes pour arrêter les vagues,
Et de vagues rochers que les marées dépassent
Et qui ont à jamais le cœur à marée basse,
Avec infiniment de brumes à venir,
Avec le vent de l'est, écoutez-le tenir,
Le plat pays qui est le mien... »

1. Jacques Brel, « Le Plat Pays », © Barclay, un label d'Universal Music France.

Barbara, cette conteuse d'amour en fuite, c'est au cœur, et là, au creux du ventre qu'elle m'atteint.

« Et puis un matin, au réveil
C'est presque rien
Mais c'est là, ça vous émerveille
Au creux des reins[1]... »

Quant à mon petit Michel... Ses paroles d'« Évidemment[2] », écrites après le tragique accident d'hélicoptère qui a coûté la vie à son ami Daniel Balavoine en 1986, me touchent profondément. Comme ils sont poignants, ces mots si simples ! Ils vont à l'essentiel : la consternation étrangle le hurlement. Six années plus tard, ce fut son tour de nous quitter, et ses mots aujourd'hui, je les murmure pour lui.

« Y a comme un goût amer en nous
Comme un goût de poussière dans tout
Et la colère qui nous suit partout

Y a des silences qui disent beaucoup
Plus que tous les mots qu'on avoue...
Et toutes ces questions qui ne tiennent pas debout

Évidemment
On danse encore

1. Barbara, « Le Mal de vivre », © Mercury Music Group, Mercury Records, un label Universal Music France.
2. Michel Berger, « Évidemment », © WEA Music, une division de Warner Music France.

Sur les accords
Qu'on aimait tant

Évidemment
On rit encore
Pour les bêtises
Comme des enfants
Mais pas comme avant

Et ces batailles dont on se fout
C'est comme une fatigue, un dégoût
À quoi ça sert de courir partout

On garde cette blessure en nous
Comme une éclaboussure de boue
Qui n'change rien, qui change tout... »

*

Ce cri de douleur déchirant me bouleverse et m'étouffe. J'ai besoin de sortir, de respirer un grand coup...

Et surprise, il fait presque nuit alors que nous sommes au début de l'après-midi ! D'énormes nuages tout boursouflés me font croire qu'il est tard. Ils sont en train de rassembler leurs forces pour me préparer un orage spectaculaire, comme je les aime. Pourquoi je les aime tant, ces orages ? Est-ce de me sentir à la fois désarmée et effrayée en plein cœur d'un tel déchaînement ? Je me raconte que c'est une manifestation de la colère divine. Même si je ne crois pas en Dieu, cela me plaît d'imaginer qu'il est derrière ces moments-là.

Cette crainte mêlée de plaisir m'a d'ailleurs inspiré une chanson, « Les nuits d'orage », que j'ai chantée dans *Câlinoux de loups,* un album de berceuses destinées à accompagner tendrement les tout-petits jusqu'au sommeil.

Le fracas du tonnerre est devenu assourdissant. Mon petit chien me saute sur les genoux. Quel trouillard, celui-là !

— Tout doux, ma boule d'amour, tout doux. Nous allons assister ensemble à un orage théâtral et somptueux, et sans nous faire doucher !

Une fois pourtant, *me faire doucher* ne m'a pas gênée. Du fond de ma mémoire, il m'est revenu souvent, ce doux moment : c'était il y a... quelques dizaines d'années...

Toute nue sous la pluie une nuit d'été

Un été, pendant une nuit de canicule, ce qui est assez rare ici, en Normandie, un orage monstrueux avait éclaté. Il ne manquait plus que la *Pastorale* de Beethoven ou *La Walkyrie* de Wagner pour l'accompagner. Et voilà qu'avec mon amoureux de l'époque nous nous étions vite déshabillés et précipités tout nus dans le jardin sous la pluie. Les paupières closes, la bouche grande ouverte, nous avalions l'eau avec tout le ciel qui nous dégringolait dessus. Des gouttes grosses comme des cerises nous flagellaient, nous mitraillaient presque douloureusement. Leur bruit en frappant le sol ressemblait à des applaudissements.

Nous hurlions notre allégresse. Je savoure encore avec bonheur le pouvoir réconfortant de ce beau souvenir. Beau, aussi, celui qui s'ensuivit. Cet instant magique nous a conduits tout naturellement où nous devions aller jusqu'au plus délicieux des ébats amoureux, bien évidemment. Je vivais une nouvelle passion et, comme chacun sait, dans ces moments-là on n'a plus faim, plus sommeil ; on voudrait ne plus jamais dormir ; on aime parler de ce que l'on aime, raconter sa vie, son enfance ; recueillir bouche bée le récit de celle de l'autre en ayant l'impression de se connaître depuis toujours. Cet instant rare, où s'est exalté le meilleur de moi-même, j'ai tenu à l'écrire ici, pas seulement pour en laisser une trace, comme on protège un précieux lambeau de mémoire, mais aussi pour inviter ceux qui voudraient tenter cette expérience : tout nu sous la pluie une nuit d'été... Je leur garantis une sensation grandiose. Moi, aujourd'hui encore si j'osais... *Non mais tu te vois, espèce de folle, à ton âge, nue sous la pluie en pleine nuit et hurlant comme un putois ?*

« Bienheureuses les têtes fêlées, elles laissent passer la lumière... »

Qui a dit cela, déjà ? Michel Audiard, bien entendu, ce génie des bons mots...

Une belle histoire d'amour

Le concours d'entrée au Conservatoire... c'est l'impression d'avoir à sauter d'un avion sans parachute. Quelle épreuve violente pour nous tous ! Trop de candidats, très peu d'élus. Et pourtant, battez tambours, sonnez trompettes, je le réussis, ce fichu concours.

Comme tous les apprentis comédiens, je passe parallèlement des auditions dans des théâtres et décroche assez vite un petit rôle dans *Le Timide au palais,* aux côtés de Jean-Louis Trintignant, Danièle Lebrun et Catherine Rouvel.

Un soir, à la fin d'une représentation, Jean-Louis me présente à l'un de ses amis comédiens :

— Ce charmant jeune homme est fou des filles à taches de rousseur !

Je souris, et c'est dans mon sourire que *le charmant jeune homme* s'engouffre immédiatement pour enchaîner :

— Des taches de rousseur et des yeux à faire chavirer un paquebot, c'est beaucoup !

Aïe ! Adroit, l'animal ! À cet instant, le souffle de la première flèche de Cupidon m'effleure la joue. Au cours du dîner qui suit, la deuxième m'atteint en plein cœur ! C'est avant tout l'humour de ce garçon qui me séduit, un humour avec lequel je suis en phase. La même sensibilité à l'absurde. Ce n'est pas si fréquent, finalement : ce sont souvent les mêmes choses qui font pleurer, mais pas toujours les mêmes qui font rire !

Et ce nouveau soupirant dont je n'ai pas encore révélé le nom était… Claude Berri ! Ce comédien débutant à l'intelligence vive, au sourire ravageur, déjà plein de projets et de promesses est devenu le grand metteur en scène que l'on sait, puis l'un de nos plus importants producteurs.

Aujourd'hui, on se souvient surtout de l'homme marqué par les douloureuses épreuves de sa vie, rondouillard, le poil gris, des valises sous les yeux, mais en 1962, il avait vingt-huit ans et il était assez craquant. Avec lui donc, coup de foudre, et très vite, nous nous installons dans un vrai nid d'amour avec terrasse donnant sur un jardin. Notre histoire commençait bien...

Après deux mois d'une vie délicieuse, une nuit, en rentrant en voiture du théâtre, Claude percute de plein fouet un véhicule mal garé. Nous encaissons le coup, sans dommage... à première vue. Nous essayons de nous extraire de cette coquille de tôle. Impossible ! Sous la brutalité du choc, les portières se sont bloquées. Ma main sur ma jupe rencontre de l'humidité. Du sang, m'annonce la pâle lueur d'un réverbère. Je ne comprends pas, je n'ai mal nulle part. Affolée, je me tourne vers Claude :

— Tu n'as rien, t'es sûr ?

Il me regarde, horrifié :

— C'est toi... T'as un grand trou sous l'œil...

Le pare-brise sur lequel je venais de m'écraser m'avait ouvert horizontalement toute la joue. La plaie était profonde au point d'avoir anesthésié entièrement tout le côté droit de mon visage.

À l'hôpital, le chirurgien de service de nuit me « rassure » tout de suite : « Ne vous faites pas d'illusions, une cicatrice comme celle-là, vous la garderez toute votre vie ! »

Ce pitoyable balourd avait trouvé la phrase qui revigore. Pour n'importe qui, une cicatrice au visage n'est déjà pas un cadeau, mais pour une jeune fille qui fait ses débuts de comédienne, c'est tout simplement une catastrophe ! Ma carrière prometteuse est sérieusement compromise. Assignée à résidence, il m'a fallu beaucoup attendre. Attendre d'abord quelques mois la cicatrisation complète avant d'envisager une première opération de chirurgie esthétique. Puis attendre encore plusieurs mois pour commencer une série de ponçages afin d'atténuer l'important relief de la chéloïde de treize centimètres. Et, entre deux interventions, attendre de nouveau la cicatrisation de la précédente.

Une année difficile, donc, mais qui, sans la belle histoire d'amour que je partageais avec Claude, aurait été pire encore... Cette fâcheuse épreuve aura au moins eu le mérite de me faire découvrir le plaisir de la lecture. Il va beaucoup m'aider, me permettre de combler un peu mes lacunes, de m'évader un peu, d'oublier mon désespoir et, surtout, d'apaiser mon impatience.

Quand je dis que je ne suis pas nette !...

Cela n'a peut-être rien à voir avec cet accident, mais, depuis, c'est très bizarre, j'ai un regard très particulier sur les voitures. Voire pas de regard du tout. Je ne retiens ni leur marque ni leur couleur. Cette singularité m'a plusieurs fois plongée dans des situations tout à fait loufoques...

Un jour, avec mon frère Charles, nous accompagnions notre Moum à la mairie pour le renouvellement de sa carte d'identité. C'était en juin, pleine canicule, beaucoup de monde dans les files d'attente. Je ne me sentais pas très bien : la température, le décalage horaire – je rentrais de New York. J'installe ma Moum sur un banc, je demande à mon frère de faire la queue et vais les attendre dans sa voiture garée devant. Aussitôt assise, j'ouvre toutes les vitres et je vois un homme me regarder avec insistance. Je suis fatiguée et n'ai pas très envie de me faire aborder. Je prends un journal sportif qui traîne sur le siège, me dissimule derrière. Les résultats des matchs de rugby ne m'intéressant pas vraiment, le temps me paraît long. L'attitude de *mon curieux* commence sérieusement à m'intriguer. Pourquoi regarde-t-il sans cesse autour de lui ? Que guette-t-il ? Il me donne l'impression de vouloir me demander un autographe tout en n'osant s'y risquer ! Ce manège, qui a bien duré un quart d'heure, s'achève enfin quand il ose s'approcher.

— Je peux savoir ce que vous faites dans ma voiture ?

Sa voiture ? J'étais montée dans *sa* voiture, en effet... tout simplement. Cet aimable monsieur m'avait dit ensuite qu'il s'attendait à voir surgir à tout moment l'équipe de « La Caméra invisible » qui aurait filmé cette bizarrerie : *Marlène Jobert installée dans sa voiture...*

Une autre fois, je sors en coup de vent d'Antenne 2 sous une pluie battante. Walter, mon compagnon, m'attend depuis un bon moment déjà dans sa voiture. Je n'ai pas pu le prévenir de mon retard... C'était la préhistoire : les téléphones portables n'existaient pas encore. Je m'engouffre toute dégoulinante à ses côtés en marmonnant des excuses :

— Ce n'est pas ma faute, on ne peut jamais savoir à l'avance quand on finit... Mais vas-y, démarre, qu'est-ce que tu attends ?

Je me tourne vers lui et... découvre un colosse barbu, roux, avec une boucle d'oreille et l'air ahuri. Mais ahuri... comme s'il avait vu la Vierge en string. Avant que je me sauve, il a juste le temps de bafouiller :

— Vous êtes la vraie ?

Quand j'ai retrouvé Walter un peu plus loin, je riais toujours. Lui, pas du tout ; il avait trop de mal à croire que je puisse confondre « sa belle Volvo » avec « la bagnole » de ce monsieur.

Combien de fois devant chez moi où j'attends une voiture, je m'apprête encore à monter dans celles d'inconnus qui passent lentement dans la contre-allée ? Est-ce une distraction démesurée ? Il y a sûrement de cela. Mais à ce point... Quand je dis que je ne suis pas nette !

Je reviens à Claude Berri. Comme sa tête bouillonnait en permanence d'une foule d'idées qu'il voulait concrétiser, il commença à écrire de petits scénarios qu'il me faisait lire. C'est à cette période qu'il réalisa son premier court-métrage, *Le Poulet,* couronné par un oscar à Hollywood. Excusez du peu ! Il était déjà évident qu'il deviendrait un jour le metteur en scène d'envergure à qui l'on doit *Le Vieil Homme et l'enfant, Jean de Florette, Manon des sources, Tchao Pantin,* pour ne citer que ceux qui ont marqué et valorisé le cinéma français dans le monde entier. Pour ce dernier film, il nous a révélé Coluche dans une magnifique et surprenante composition dramatique. Cette performance lui valut d'ailleurs en 1978 le césar du meilleur acteur. Et le hasard – encore lui ! – a voulu que ce soit moi qui le lui remette. À travers cette récompense, c'était Claude aussi que toute la profession honorait. Émotion au rendez-vous.

À l'époque où nous vivions ensemble, s'il faisait déjà preuve d'un potentiel évident, croyait-il au mien ? Je n'en suis pas certaine. Si, une petite fois peut-être. Il m'écoutait répéter seule dans mon coin une scène de comédie et je l'avais entendu s'esclaffer. Comme il était assez avare de compliments, son rire, ce jour-là, avait réussi à réchauffer à la fois mon cœur et mon ego.

Simone Signoret me dévisage et...

Claude joue alors au théâtre dans *Les Petits Renards* avec Simone Signoret et Suzanne Flon.

Une réception est prévue pour la centième, et il a absolument tenu à ce que je l'accompagne. C'est l'une de mes premières grandes sorties après l'accident. Il me présente à Signoret, qui me dévisage :

— Pourquoi ne passeriez-vous pas les essais pour la pièce de Montand ? (Elle appelait toujours son mari Montand.) Depuis quinze jours, ils auditionnent tout Paris, ils n'ont pas encore trouvé, tentez le coup !

Pourquoi pas, en effet ? J'apprends la scène choisie pour l'audition et me voilà dans les coulisses du Théâtre du Gymnase parmi une dizaine de candidates. Raymond Rouleau, le metteur en scène, et Marie Bell, la directrice du théâtre, entourés d'assistants, sont dans la salle. Mon tour arrive. Je joue ma scène. Je suis sélectionnée avec cinq autres jeunes filles pour un deuxième tour, et Montand, cette fois, nous donnera la réplique. Trois jours plus tard, le Montand, *en vrai*, m'intimide. Normal, j'ai tellement d'admiration pour lui. Il est plutôt chaleureux et sympa. Cela ne se passe pas mal pour moi, je réussis même à les faire un peu rire.

— Laissez-nous réfléchir, on vous rappellera…

Le lendemain soir déjà, le téléphone sonne :

— C'est Raymond Rouleau. Eh bien, ma petite, vous êtes choisie !

Je vacille. Ma salive se transforme en sciure de bois.

— Allô... Vous êtes toujours là ? s'inquiète Rouleau, que mon silence étonne.

Et là, l'intelligence l'emportant rarement sur l'émotion, je m'entends encore lui bafouiller cette incongruité :

— Oui, mais... vous êtes sûr ?

*

La jeunette de vingt-deux printemps, encore élève au Conservatoire, fait ses grands débuts au théâtre, et avec Yves Montand s'il vous plaît, dans *Des clowns par milliers*. Et ça fait la une de toutes les gazettes de Dijon. La famille, revenue de Madagascar, peut être fière.

Raymond Rouleau plaçait son art au-dessus de la vie et en réclamait autant de ses comédiens. Bien que laconique, il était précis. Il tenait absolument aussi à me faire changer de nom. Pour lui, le mien n'était pas assez attractif.

— C'est moi qui ai trouvé celui de Marie Laforêt, et je lui ai porté bonheur, tu vois la carrière qu'elle fait ? me disait-il. Pour toi, je verrais bien « Marjolaine ».

Si j'avais osé, je lui aurais répondu combien sa trouvaille me semblait ridicule. Pourquoi pas Verveine, Ciboulette ou Campanule ? Non, Marjolaine, il n'en était pas question.

Un week-end, chez mes parents à Dijon, je leur déclare au déjeuner que les noms de scène à initiales doubles étant à la mode, je pense changer le mien pour « Julie Jouve ». Silence.

Je vois passer dans les yeux de mon père une ombre. Il ne fait, comme à son habitude, aucun commentaire, mais le bruit de ses couverts lui tombant des mains résonne encore à mon oreille.

C'est dans le train du retour, en pensant au nom de Jeanne Moreau, que je pris ma décision. Plus commun que « Jeanne » et « Moreau », ça n'existe pas. Pourtant, bizarrement, quand on dit « Jeanne Moreau » d'une traite, ces deux noms si ordinaires suffisent à suggérer la personnalité de cette femme. C'était donc la valeur de la personne qui donnait du corps à un nom, et non le contraire. Et cette valeur, je n'avais plus qu'à tenter de l'acquérir...

À la répétition, le lendemain, il me faut prévenir Raymond Rouleau de ma décision. Je redoute sa réaction. Il est si fier de sa *Marjolaine*. Je choisis une pause. Mais il paraît tellement absorbé par le texte de la pièce que j'hésite à l'interrompre. Il le faut, pourtant. Par-dessus ses lunettes, son regard me glace. Je m'arme de courage et du bout des lèvres lui annonce :

— Pardon, mais voilà, heu... j'ai bien réfléchi... je ne change rien, je garde et Marlène et Jobert.

Il enlève ses lunettes, se frotte les yeux, rechausse ses lunettes, me regarde, fronce les sourcils, comme s'il n'avait pas bien compris. Puis, réaction tout à fait inattendue, il replonge aussitôt dans son texte en marmonnant d'une voix qui n'est pas tout fait un grognement mais presque :

— C'est ta vie après tout, ma cocotte !

J'en reste plantée là, toute déconfite... mais soulagée.

Mon rôle dans cette pièce est très important et beau. Il semble bien me convenir... « Semble » car, quinze jours avant la première, on chuchote derrière mon dos, il se dit que je ne fais pas le poids. Ça sent le complot. On songe à me remplacer. La directrice du théâtre a déjà quelqu'un sous le coude. J'aurais pris une enclume sur la tête, je ne me serais pas sentie plus mal. Amour-propre dévasté, je suis mortifiée ! Et lors de la répétition, le lendemain, je ne sais par quel miracle, quelque chose en moi se dénoue, une étincelle de fierté peut-être s'allume dans ma tête et je trouve enfin comment interpréter ce personnage. On m'a répété ensuite qu'il s'en était fallu d'un cheveu pour qu'on me vire.

Cette pièce, *Des clowns par milliers*, avec un Montand des grands jours, fut un triomphe : critiques très élogieuses pour tout le monde, y compris pour la toute débutante que j'étais. Vertige délicieux !

« Et la vie sépare ceux qui s'aiment »...

Tout doucement, notre belle histoire d'amour avec Claude commence à s'effriter. Un soir, au cours d'une dispute, il me gifle. Le geste de trop. Je fais mes valises et m'installe dans un petit hôtel près du théâtre, en attendant mieux. Enfin... en attendant secrètement qu'il vienne me chercher. Ce qu'il ne fait pas.

Recluse dans ma chambre, cadenassée dans mon chagrin, je berçais ma douleur. Les semaines qui suivirent, j'espérais toujours qu'il me demande de revenir... Mais pas un coup de fil. Rien. Le temps ne s'écoulait pas. Les minutes se prenaient pour des heures. Si Claude ne m'appelait toujours pas, moi, fière et têtue, non plus. Être sur scène chaque soir me fournissait heureusement une échappatoire salvatrice à mes sinistres journées.

Deux mois s'écoulèrent ainsi, et alors que je réussissais enfin à émerger de ma prostration, Claude manifesta l'espoir de renouer. Il regrettait cette séparation. Mais, curieusement, je m'étonnais moi-même de ce que je ressentais, ou plutôt de ce que je ne ressentais plus. C'était comme si j'avais épuisé mon quota d'émotion. Je n'avais plus d'attirance pour lui. Comment était-ce possible ? Je n'ai jamais pu m'expliquer un tel revirement.

Une dizaine d'années plus tard, nous nous sommes rencontrés par hasard dans un avion à destination de Rome. Il avait rendez-vous avec un acteur italien et on m'attendait sur un tournage. Le très grand producteur indépendant qu'il était devenu avait pris de l'assurance, de l'audace et... un peu de ventre aussi. Nous avions été heureux de nous revoir, chacun sincèrement ravi de la réussite de l'autre.

Ce soir, dans ma maison, en regardant les étoiles scintiller, j'ai une pensée pour toi, Claude, qui es maintenant là-haut. Toi, dont j'ai suivi de loin en me réjouissant tous les succès professionnels et, avec consternation, les grands malheurs intimes. La perte de ta première épouse puis celle de ton fils aîné, survenues si tragiquement à quelques années d'intervalle.

Je ne t'ai pas oublié... Comment l'aurais-je pu ? Tu as tellement compté pour moi pendant ces années d'apprentissage de la vie. Tu as été aussi l'un des hommes avec lesquels je crois avoir le plus ri. Ah ! Le rire ! La chanson préférée des dieux ! Paraît-il !

« Nous sommes ici-bas pour rire. Nous ne le pourrons plus au purgatoire ni en enfer. Quant au paradis, ce ne serait pas convenable ! », dit Jacques Villeret dans la biographie[1] que Gilles Durieux et Claude Sartirano lui ont consacrée.

Il faut à tout prix le partager, ce rire. Pour atténuer les coups tordus que la vie nous envoie parfois dans les dents. Souvent, je me dis que devenir adulte, c'est perdre pour toujours le droit de s'amuser d'un rien. Se laisser aller, se lâcher comme un môme, c'est passer tout de suite pour un taré. Je ne saute plus à pieds joints dans les flaques, je ne dévale plus bien sûr les talus en roulé-boulé, bien qu'avec mes petits-fils cela me tenterait encore...

---

1. *Villeret : du rire aux larmes*, L'Archipel, 2008.

« Et Montand, il était comment, Montand ? »

Je n'ai jamais compris cet homme-là. Professionnellement, il était l'un des acteurs les plus exigeants que j'aie rencontrés ; doué d'une énergie à toute épreuve ; visant toujours l'inaccessible perfection. Être sa partenaire fut pour moi la meilleure école qui soit. Mais dans la vie... j'avoue avoir été déconcertée par certains de ses comportements.

Cet après-midi du 5 août 1962 restera toujours gravé dans ma mémoire. Au milieu de la répétition, le concierge du théâtre était monté nous annoncer la mort de Marilyn Monroe. Nous étions évidemment tous sous le choc. Tous... sauf le seul d'entre nous qui l'avait réellement connue et plus qu'intimement : Montand. Comment pouvait-il rester de marbre, après avoir partagé avec cette femme sublime un film et beaucoup plus encore ? Ce n'était un secret pour personne, leur liaison avait suffisamment fait de bruit et alimenté la presse du monde entier. Mais de quel bois était-il donc fait, cet homme, pour encaisser ce drame avec un tel sang-froid ? Si c'était de la maîtrise de soi, cela forçait l'admiration... !

Une autre scène aussi me dérouta.

Un week-end, Simone Signoret m'avait gentiment invitée dans leur maison de campagne. Lors d'un déjeuner où nous étions tous les trois, il s'était mis soudainement à s'exciter tout seul, à se ruer à l'assaut des moulins, à brasser du vent, bref, à jouer au grand con qui donquichottait. Pour quel motif ? Je ne m'en souviens plus. Mais, comme si cela n'avait pas suffi, il s'était montré ensuite agressif, carrément odieux avec sa femme. Et pourquoi ? La raison m'en échappait. Comment osait-il se comporter ainsi avec Simone, et en ma présence qui plus est ? Quel spectacle navrant !... Lui, mufle et insupportable, elle, digne et muette, au bord des larmes ; et moi, entre les deux, témoin involontaire de cette sidérante friction intime. J'étais anéantie et tellement ahurie... Je me revois encore, les coudes sur la table, la tête entre les mains, comme si je voulais empêcher mon menton de tomber dans mon assiette.

Sympa, ce déjeuner ! Mémorable, en tout cas !

Un autre moment encore, tout aussi embarrassant...

Nous étions en tournée avec la pièce. Un soir, il me fit des avances, lui qui avait tout de même plus du double de mon âge. Après avoir « donquichotté », voilà que mon Montand « donjuanait » ! Et il ne s'était pas embarrassé d'élégance ou de subtilité... il me proposait tout bonnement une partie de jambes en l'air comme on propose une partie de cartes.

Interloquée, j'avais essayé de lui dire avec mes mots d'alors, pauvres et maladroits, que, si sa proposition me flattait, elle ne m'intéressait pas. Et là encore, il se montra d'une goujaterie désespérante.

— Comment une petite novice comme toi, même pas remarquablement belle en plus, ose-t-elle me repousser ?

À partir de ce soir-là, et pendant tout le reste des représentations, il me fit payer mon refus par un comportement désagréable et revanchard. La star adulée qui pouvait s'offrir toutes les plus belles filles de la planète s'était sentie offensée.

J'avais commis là un crime de lèse-majesté.

Que ses admirateurs me pardonnent d'écorner ainsi l'image de leur idole, mais ces épisodes, je ne les ai ni inventés, ni déformés, ni exagérés. Je les relate tels que la sensibilité et la naïveté de mes vingt-deux ans les ont vécus. Si j'ai déploré certaines de ses attitudes, je n'ai jamais remis en cause le talent de l'immense artiste qu'il était. Le tamis de ma mémoire a fait le tri… Avec le temps, je n'ai gardé de lui qu'une déception mêlée de regrets. Une déception d'autant plus grande que, dès mon arrivée à Paris, j'avais emprunté de l'argent à ma tante pour aller le voir en concert. Sa présence, aussi comique qu'émouvante, sa beauté virile et sensuelle, son assurance, sa voix, ses effets de scène infiniment précis et efficaces m'avaient totalement subjuguée. La petite Jobert restée scotchée sur son siège était à mille lieues d'imaginer, même dans ses rêves les plus délirants, que trois ans à peine plus tard, elle deviendrait sa partenaire au théâtre…

TROISIÈME PARTIE

Première expérience au cinéma : Godard

Comme tout apprenti comédien espérant gagner quelques sous en faisant de la figuration au cinéma, mes camarades du Conservatoire et moi avions déposé nos photos dans des maisons de production.

Quelque temps après la pièce avec Montand, je reçois un mot d'un assistant réalisateur : « Jean-Luc Godard s'est arrêté sur votre photo et vous demande si vous voulez bien le rencontrer. »

Tout excitée, je téléphone immédiatement et obtiens un rendez-vous. Jean-Luc Godard me reçoit, m'observe un petit moment derrière ses lunettes fumées de myope, et me demande si je veux bien, même s'il n'a pas de scénario à me faire lire, participer à son prochain film *Masculin féminin*. Je ne rêve pas... ce n'est pas de la figuration qu'il me propose, mais bien un rôle, un vrai, et ma cicatrice n'a pas l'air de le gêner.

Si ça ressemblait à un bon départ, mon enthousiasme fut pourtant vite refroidi.

Je relis ce que je viens d'écrire et j'entends un petit ricanement intérieur. *Tu ne vas pas encore te plaindre, ma vieille, pour une jeune fille qui n'a encore rien fait, commencer avec Godard, c'est déjà extraordinaire !*

Bien sûr que ça l'était ! Mais c'est justement parce que je n'avais encore jamais mis les pieds sur un plateau que je m'étais fait tout un cinéma... sur le cinéma ! J'imaginais tout autre chose. Que les metteurs en scène entretenaient une complicité professionnelle étroite avec leurs acteurs ; qu'ils leur expliquaient le caractère de leur personnage et leurs motivations. Mais avec Jean-Luc, rien de tout cela : pas de script, aucune indication ni repères. Flou total. Peut-être voulait-il préserver notre spontanéité ? Mais moi, j'avais besoin de comprendre pourquoi il me demandait de faire ci ou ça... En cours de théâtre, on m'avait présenté le métier d'acteur sous un tout autre aspect...

Et quand un journaliste me demanda ensuite ce que je pensais de ma première expérience au cinéma, j'eus la naïveté de lui confier ma déception. Aussitôt, son journal avide de sensation avait titré : « Godard est un type inhumain qui se moque des acteurs. »

Il en avait rajouté, le salaud ! Ma réponse exprimait uniquement mon regret de ne pas avoir eu davantage de contacts avec Jean-Luc. J'avais fait part de ma vérité du moment sans imaginer qu'elle serait amplifiée par les haut-parleurs médiatiques. J'avais vidé mon sac sans tri, sans savoir-faire, ni savoir plaire. J'avais encore beaucoup à apprendre.

Bien sûr qu'avec le temps on finit par se méfier des journalistes, mais il est parfois difficile, surtout quand ils vous paraissent sympathiques, de freiner sa spontanéité. On leur parle en toute confiance, et eux, sitôt rentrés à leur rédaction, pondent un article qui ne vous ressemble en rien. Certains sont très forts pour mettre en exergue des phrases extraites de leur contexte, pour répandre des insinuations dignes de la pire canaille, ou pour trouver des titres insolites et racoleurs afin d'attiser la curiosité du lecteur à n'importe quel prix. Et le public confiant, quant à lui, gobe tout ce qui est imprimé.

Aujourd'hui, les modes de communication modernes n'ont fait qu'aggraver la traque des stars. Quand je pense qu'il suffit de taper quelques mots-clés sur un moteur de recherche pour connaître des détails sur la soi-disant vie intime des célébrités, ça me... consterne !

Je dois à ma franchise juvénile de cette époque une rencontre amusante.

Quelque temps après la parution de cet article, j'assistais à une pièce de théâtre. À la fin, les lumières se rallument et, devant moi, un vieil homme auquel je n'ai pas prêté attention se lève, se retourne et, me reconnaissant, s'exclame très fort en ouvrant grands les bras :

— Ahhh ! La petite Jobert ! Viens que je t'embrasse, tu es la seule à avoir osé dire tout haut ce que tout le monde pense tout bas de Godard !

Cette voix chevrotante et si particulière était celle d'un des acteurs les plus marquants de sa génération, Michel Simon !

Combien de fois, au début de ma carrière, me suis-je énervée après certains journalistes ? Je suis patiente ; je sais reconnaître mes torts ; je ne suis ni têtue ni rancunière, mais il ne faut tout de même pas me marcher sur les griffes ! Ceux, par exemple, qui ne s'attachaient à un détail secondaire que parce qu'il faisait vendre au lieu de s'intéresser à mon travail m'exaspéraient. Je me disais qu'ils avaient de la chance que je ne mesure pas deux mètres et ne pèse pas cent vingt kilos ; je leur aurais volontiers collé un bel uppercut dans la tronche.

Quant aux rumeurs, c'est encore autre chose... Certaines sont tenaces, celle-ci me concernant court encore, paraît-il...

Les jumelles de MJ sont-elles aussi celles de VGE ?

J'aurais donc été la maîtresse d'un ministre des Finances qui allait devenir président de la République. Mais si ! Madame fréquente du beau monde ! À la naissance de mes filles, un hebdomadaire, un torchon plutôt, dont la vocation est de vendre l'intimité des célébrités, avait publié cette ineptie.

Je n'ai croisé M. Giscard d'Estaing qu'une seule fois, en 1973. En vacances à Djerba, je dîne avec mon frère Guy, sa femme et un couple d'amis au restaurant de l'hôtel quand nous voyons entrer notre ministre des Finances accompagné de deux personnalités tunisiennes. Il m'aperçoit et je réponds d'un sourire à son aimable bonsoir. Notre repas terminé, au moment où nous passons devant lui, il se lève et me propose de prendre un café à sa table.

— Monsieur le Ministre, c'est gentil, mais... je ne suis pas seule, et nous...

— Mais qu'à cela ne tienne ! Que vos amis se joignent à nous...

Nous avons donc bu un café en parlant de choses et d'autres, mais pas de politique. Il comprit très vite que cela ne m'intéressait pas beaucoup. Nous nous sommes quittés une demi-heure plus tard. Voilà. La question demeure : comment cette rumeur était-elle née ? Un journaliste à scandale était-il présent dans ce restaurant ? Avait-il flairé le bon filon, la piste d'une romance facile à exploiter ? Je ne sais pas et me fiche de le savoir...

Ce qui nous amuse et parfois nous agace, nous les « people », en ouvrant les journaux à sensation, c'est de découvrir des faits et gestes qui sont censés être les nôtres ; en fait de minables balivernes concoctées dans les salles de rédaction à seule fin de vendre du papier-torchon.

La folie des fans

Quand il s'agit de fans qui demandent des photos ou des autographes, je réponds avec plaisir. Mais certains se comportent parfois comme de dangereux harceleurs. Leur conduite peut même prendre une tournure inquiétante, voire terrifiante !

Un jour, l'un d'eux commença à m'envoyer des lettres de plus en plus enflammées ; ma secrétaire lui demanda alors de cesser ses assauts épistolaires, mais cela ne le découragea pas pour autant. Bientôt, ce ne furent plus des lettres mais des petits cadeaux, retournés illico par la poste. Cela dura un moment, jusqu'au jour où son courrier, qui jusque-là passait par le bureau de mon imprésario, arriva directement chez moi. Panique ! Non seulement cet individu savait où j'habitais, mais en plus il me donnait des détails sur tous mes déplacements. Il me surveillait donc des journées entières. Je n'osais plus sortir seule de chez moi. J'envisageai même de déménager. Un ami fit le guet, le repéra sur le trottoir d'en face et l'avertit que, s'il persistait à me persécuter, nous serions obligés de prévenir la police. Le fan lui lança alors que c'était une histoire entre lui et moi ; que personne au monde ne m'aimait plus que lui ; qu'il était l'homme de ma vie. Bref, du délire ! Le ton monta, ce malade brandit alors un couteau, blessa mon ami au bras, puis, à la vue du sang, se sauva. On ne le revit plus jamais, mais pendant longtemps, j'eus du mal à sortir de chez moi sans appréhension.

On ne sait jamais jusqu'où l'adulation maladive peut aller. L'un des exemples les plus marquants est celui de John Lennon, abattu devant son immeuble par l'un de ses adorateurs.

Ce triste et inquiétant aspect de la rançon de la gloire, on s'en passerait volontiers.

*

Peu de temps après le film de Godard, Louis Malle, qui m'avait remarquée au théâtre, me propose un petit rôle dans *Le Voleur*. Je n'ai pas grand-chose à défendre dans le personnage de cette jeune fille coquette et délurée, mais je suis fière d'avoir été choisie par ce grand metteur en scène et de faire partie de sa prestigieuse distribution. Que du beau monde : Jean-Paul Belmondo, Françoise Fabian, Geneviève Bujold, Marie Dubois, Bernadette Lafont.

Une petite ombre au tableau cependant : ma cicatrice. Il faut absolument lui éviter les lumières frisantes, et le chef opérateur n'en tient absolument pas compte. La jeune actrice débutante que je suis n'ose pas lui réclamer une attention particulière.

Que ma cicatrice soit visible n'était pourtant pas très grave : mon rôle exigeait surtout de la fantaisie. Et de la fantaisie, j'en avais... Mais cette fichue cicatrice m'obnubilait.

Un jour, l'un des assistants, me sentant contrariée, m'avait dit :

— Écoute, si Malle t'a voulue, c'est que tu dois avoir autre chose qui plaît !

Il y a des réflexions comme celle-ci qui vous restent en mémoire. Comme cette autre d'une maquilleuse à qui je confiais mon regret d'avoir de petits yeux :

— C'est vrai qu'ils sont petits ! Mais quand on voit ce qui se passe dedans... Ne t'inquiète pas, va ! De grands beaux yeux, j'en maquille beaucoup, mais il est rare que j'y voie autant de choses...

Sylvie Vartan, elle aussi, fut victime d'une méchante blessure au visage dans un accident de voiture. Quand elle me fit appeler à son chevet à l'hôpital, je compris tout de suite son besoin impératif de me voir et de m'entendre lui affirmer que sa cicatrice s'atténuerait avec le temps. J'en étais la preuve vivante. Je me souviens, moi, son aînée de quatre petites années, de lui avoir tenu le discours le plus optimiste qui soit... Je devais être en forme ce jour-là, au top de mes possibilités. Lui disant qu'il fallait transformer les mauvais coups du sort en coups de chance... que cette pause obligée lui offrait une opportunité exceptionnelle de progresser, d'aller peut-être aux États-Unis, d'apprendre l'anglais et de se perfectionner en danse. Et c'est ce qu'elle fit. Notre Sylvie, si volontaire, en est revenue encore plus forte, plus éclatante que jamais, danseuse émérite et cicatrice quasi invisible.

Troublante coïncidence

Après le film de Louis Malle, je retourne sur les planches. Je suis engagée au Théâtre des

Mathurins pour *Danse lente sur un champ de bataille*. Je n'aurais peut-être pas parlé de cette pièce, qui fut un échec, si une étrange coïncidence ne m'avait marquée. La jeune fille que j'interprétais cherchait l'adresse d'une avorteuse. Pour la première fois de ma vie, moi aussi j'étais enceinte et, comme ce personnage, je voulais désespérément me faire avorter. Je vivais depuis trois ans avec un comédien une relation tendre et paisible, mais mettre un enfant au monde était une immense responsabilité que nous n'étions pas prêts à assumer. Avorter à cette époque n'était pas une mince affaire. La clandestinité était le seul choix possible. Mais cela se déroulait souvent dans de dangereuses conditions et il n'était pas rare d'aboutir à des issues tragiques. On n'imagine plus à présent la détresse des femmes quand elles tombaient enceintes. Nous aurions tout tenté. Tout. Prêtes à nous faire charcuter par n'importe qui, n'importe comment et à n'importe quel prix. C'était bien avant la loi Veil... *Ah, chère Simone ! Entre toutes les femmes, soyez bénie !* Je n'étais pas encore célèbre, sinon on aurait pu me solliciter pour signer le fameux manifeste des 343 personnalités qui reconnaissaient, malgré le risque de poursuites pénales, avoir eu recours à l'avortement.

Si la presse n'a pas épargné cette pièce, elle a été élogieuse pour moi. Parmi ce florilège de compliments, un article de Jean-Jacques Gautier, l'un des critiques de théâtre les plus éminents et redoutés de l'époque, m'avait mis la tête à l'envers. Mon père était même allé jusqu'à l'encadrer. Sûr que si toute la base aérienne de Dijon avait pu en avoir un exemplaire, cela ne lui aurait pas déplu.

Je ne sais pas si c'était dû à ma fragilité du moment, mais je me souviens d'avoir vécu les jours précédant la première de cette pièce dans un état de stress insensé. Avant d'entrer en scène, la gorge sèche, les mains moites, les boyaux qui jouaient les contorsionnistes, il m'arrivait même de me dire : « Je ne peux pas, non, je ne peux pas y aller », même si je savais qu'à part une mort subite aucune raison valable ne pouvait empêcher un comédien d'entrer en scène

Une romance énigmatique

Un soir, en arrivant au théâtre, je trouve dans ma loge une superbe gerbe de roses avec un mot amical et chaleureux signé Georges Kiejman. Cet avocat qui, après mon accident de voiture, m'avait défendue auprès des assurances, était venu sans me prévenir à la représentation de la veille.

J'étais loin d'imaginer alors que cet homme entrerait un jour dans ma vie amoureuse...

Une dizaine d'années plus tard, dans un festival, nos routes se croisèrent de nouveau. J'étais devenue une actrice connue, et lui, un des plus célèbres avocats de France. Cette romance fut la plus étonnante et la plus énigmatique que j'aie eu la chance de vivre... Tout au long de notre liaison, une question toutefois me taraudait :

Comment un homme d'un tel niveau intellectuel, d'une telle culture pouvait-il s'intéresser à moi ? Qu'avais-je d'aussi attrayant, à part ma fraîcheur et mon joli petit cul ? Peut-être le plaisir de jouer avec moi les Pygmalion ? Sa patiente volonté de vouloir élargir mon champ de vision me touchait. Quand il me regardait… je m'aimais. Son habileté à valoriser le peu que je pouvais lui apporter était pour moi la plus belle des marques de générosité et de tendresse. D'ailleurs, cette tendresse mutuelle ne s'est jamais tarie. Aujourd'hui, après tout ce temps, quand il nous arrive de déjeuner ensemble, il est toujours aussi bon de déceler dans les yeux de l'autre les mêmes traces d'affection.

Ce soir, en éteignant mon ordinateur, une vague de bien-être m'envahit… Est-ce d'évoquer ce doux épisode de ma vie qui m'invite à tant de béatitude ?

J'aime cette heure indécise où la fusion du jour et de l'obscurité n'est pas encore tout à fait achevée. Je me raconte qu'un marcheur invisible parcourt la voûte céleste en allumant une à une les étoiles sur son passage… comme on allume les lampes de sa maison en y entrant la nuit.

Ici, je goûte ma chère solitude avec gourmandise. Elle m'apporte un réel sentiment de liberté. Je m'affranchis des contraintes, et seule l'humeur du moment influence et gouverne mes actes, comme si je prenais soudainement conscience qu'il serait grand temps de me faire du bien, de m'entourer de ma propre affection, de me protéger ! J'ai une trop forte propension à me faire du souci pour les miens, comme si je détenais le pouvoir de distiller du bonheur.

Quand le besoin se fait sentir de partager enthousiasmes, émerveillements voire révoltes ou interrogations, je reçois avec beaucoup de plaisir ceux qui viennent passer quelques jours avec moi. Ces échanges m'enrichissent, me sont nécessaires, mais je reconnais que je ne suis pas mécontente ensuite de me retrouver à nouveau seule. C'est dans cette alternance, entre compagnie et solitude, que se niche mon équilibre.

Et c'est sous ce ciel qui s'étoile de plus en plus que je poursuis mon voyage de mémoire.

La contrariété de mon « Alexandre le bienheureux »

Le public a tellement plébiscité cette charmante comédie que la télévision la diffuse encore. Elle est une véritable bouffée d'oxygène, un merveilleux éloge de la paresse et de la liberté qui invite à l'urgence de profiter de la vie. Son metteur en scène, Yves Robert, m'avait choisie pour tenir un rôle face à Philippe Noiret et Françoise Brion.

Le film se passait au cœur d'une Beauce magnifique ; l'été l'avait couverte de blé et de tournesols. Yves Robert, dynamique et chaleureux, acteur lui-même, savait trouver les mots pour nous diriger, nous rassurer, nous mettre à l'aise. Je sentais qu'il était en phase avec le personnage plein de fantaisie que je lui proposais, cela me donnait confiance en moi et envie de me surpasser. Ce tournage aurait pu être un vrai régal, si une stupide anicroche n'était pas venue altérer ma relation avec Noiret.

Philippe, alors grand acteur de théâtre chez Jean Vilar au TNP, se voyait confier pour la première fois le rôle principal d'un film. Et pour moi, l'année 1967 était celle de ma *révélation* ; je commençais à m'imposer sur tous les fronts : théâtre, cinéma et télévision. Les journalistes, attirés par la nouveauté, venaient sur le tournage souvent davantage pour « la petite mignonne dont on parle un peu partout » que pour Noiret, déjà très connu au théâtre. Bien que celui-ci portât le film sur ses épaules et dans un rôle où il rayonnait, il suscitait moins leur curiosité.

Je comprenais tout à fait que mon partenaire en soit blessé, voire vexé, il y avait de quoi, mais il semblait m'en vouloir comme si c'était ma faute. Qu'aurait-il fallu que je fasse ? Que j'interdise à la presse de m'approcher ?

Avec le recul, je me dis que sur ce film, l'un et l'autre, étant tout près d'accéder à la vraie reconnaissance populaire, nous étions trop préoccupés par notre réussite. Sept ans plus tard, nous nous étions retrouvés sur un autre projet, *Le Secret.* Nous avions tous les deux mûri, participé chacun de notre côté à des succès, accédé au même niveau de notoriété, et rien cette fois ne nous empêcha de devenir complices et de beaucoup nous apprécier.

Très vite, ensuite, ma carrière s'accélère, je tourne une nouvelle comédie, la première mise en scène de Michel Audiard. Les plus jeunes aujourd'hui connaissent peut-être mieux son talentueux fils, Jacques, mais Audiard père a été l'un des plus grands dialoguistes du cinéma français. Plus de soixante-dix longs-métrages à son actif. Nombreux sont ceux qui gardent encore en mémoire l'une ou l'autre de ses répliques drôles et percutantes.

Je me suis beaucoup amusée à interpréter le personnage frivole et cupide qu'il avait imaginé. Michel a su si bien me mettre à l'aise sur son tournage que j'ai osé me lâcher, même parfois à la limite de la démesure. À propos du jeu excessif de l'acteur, Jean Renoir ne disait-il pas : « Il n'y a pas de jeu exagéré ; un acteur joue faux ou joue vrai. S'il joue vrai, il peut se permettre toutes les exagérations. » Il est sûr que dans les scènes où je pleurais de rage, plus j'étais profondément indignée et malheureuse, plus je faisais rire. Avec les dialogues efficaces et irresistibles de ce magicien du verbe, ce n'était pas bien difficile. Son texte, sous des airs de facilité de langage populaire et argotique, était précis et imagé à souhait. Qu'il était bon de s'y balader avec impertinence ! Moi je m'y vautrais avec délices.

C'est souvent la personnalité du metteur en scène qui donne le ton à l'ambiance générale sur un plateau. Audiard, toujours serein et agréable, a fait de ce tournage une récréation. Clope au bec à la Prévert, des yeux qui devenaient deux petites fentes quand il riait, sa casquette vissée sur la tête, on le sentait jubiler à jouer au metteur en scène. Sa voix nasillarde et traînante n'a jamais quitté mon oreille. Sous son accent de titi parisien, un peu voyou des faubourgs, cet homme dissimulait beaucoup de pudeur.

Donner la réplique à Françoise Rosay fut pour moi un honneur et un bonheur. Cette grande actrice, d'un âge déjà respectable, m'amusait beaucoup avec ses reparties sans complaisance. Un jour, je lui confiai combien il m'arrivait d'être tyrannisée par le trac et combien je craignais de décevoir. Elle avait su en deux phrases me revigorer :

— Dis-toi bien, ma petite amie, que si on t'a choisie pour un rôle, c'est qu'on n'a vraiment pas trouvé mieux ! Et, pour le trac, je te répéterai ce que Louis Jouvet disait à ses élèves : « Apprends à t'en accommoder, en attendant d'arriver à t'en servir ! » Et à l'une de ses élèves qui lui avait dit : « Moi, je n'ai jamais le trac », sais-tu ce qu'il lui avait répondu ? : « Ne t'en fais pas, ma belle, ça viendra… avec le talent. »

Il y a très peu de personnes qui ont su, comme elle, se montrer maternelles, sincères et désintéressées avec moi. J'aurais bien aimé la revoir, recueillir ses précieuses réponses à mes interrogations. Mais avant qu'une autre occasion se présente, elle nous avait quittés pour aller prodiguer ses conseils de l'autre côté du rideau.

De prime abord, Bernard Blier m'intimidait. Derrière sa pipe souvent éteinte, je le sentais m'observer, me jauger, m'évaluer... Bien sûr, ça m'embarrassait. D'autant plus qu'il avait la réputation de ne pas être facile. Il avait parfaitement conscience du respect qu'il m'imposait et en jouait un peu. Au début, nous nous parlions à peine ; nous nous apprivoisions des yeux. Finalement, sous des dehors un peu bourrus, le grand sentimental qu'il était, mais qui s'en défendait, révéla assez vite sa vraie nature. Notre entente fut très amicale. Lui aussi se sentait bien sur ce tournage. Il prenait ce plateau pour une aire de jeu où il s'était promis de bien s'amuser. Son imagination sans bornes, son humour de sale gosse, sa truculence de gros chat gourmand et ses pitreries inénarrables exécutées avec un sérieux absolu m'ont enchantée.

Quel challenge fou ai-je vécu à cette période ! La journée, je tournais, et le soir, j'étais sur scène dans *Black Comedy*, une pièce avec Jean-Pierre Cassel et Raymond Gérôme. Jouer simultanément au théâtre et au cinéma est déjà un défi assez éprouvant pour un comédien, mais dans mon cas, ce n'était plus un défi, mais une pure folie : le théâtre était à Paris, et le tournage d'Audiard se passait à Menton, à l'autre bout de la France.

J'ai compris alors pourquoi, au Conservatoire, le professeur Louis Seigner commençait toujours son premier cours de l'année par cette phrase : « Pour réussir dans ce métier, mes chers enfants, le premier atout du comédien, c'est la santé ! » Ce qui ne manquait jamais de faire ricaner ses *chers enfants*. Tous pensaient qu'il plaisantait.

Après cinq petites heures de sommeil, je sautais dans le premier avion pour Nice. Le front écrasé contre le hublot, je terminais ma nuit. Les hôtesses me réveillaient à l'arrivée. Je me sentais comme en pièces détachées... et sans notice pour les rassembler. Une voiture m'emmenait ensuite à toute allure à Menton, où, à peine arrivée, coiffeur et maquilleuse se jetaient sur moi... enfin, sur ce qu'il en restait. On me libérait à 17 heures pour un marathon aussi insensé dans l'autre sens. Quelle angoisse, ces inévitables embouteillages parisiens ! Chaque soir ils menaçaient mon entrée en scène.

Ces deux rôles, au théâtre comme dans ce film, me plaisaient tant, qu'au début ils m'insufflaient une pêche d'enfer. Je ne ressentais pas la fatigue. Mais après trois semaines de ce rythme infernal, ma belle endurance commença à sérieusement vaciller. Au théâtre, j'avais prié Raymond Gérôme, mon metteur en scène, d'accepter que ma doublure me remplace pour les quinze dernières représentations. Il avait catégoriquement refusé.

Un soir, ce qui devait arriver arriva : spectaculaire trou de mémoire. Absolument impossible de reprendre le fil. On dut baisser le rideau.

Mais ce qui rendit fou furieux ce *très cher* Raymond Gérôme, c'est que l'énormité de l'incident semblait ne pas m'atteindre, comme si je ne me sentais pas concernée. Il prit ma réaction, ou plutôt mon manque de réaction, pour de la désinvolture, alors qu'il s'agissait sans aucun doute d'un *burn-out,* dirait-on aujourd'hui, consécutif au surmenage. J'ai dû chaque soir, durant le reste des représentations, supporter ses remarques glaciales, ses réflexions perfides. Mis à part une jalousie démesurée, je ne vois pas comment son hostilité pouvait s'expliquer autrement. Mon succès, bien qu'à peine naissant, lui était-il donc si insupportable ?

QUATRIÈME PARTIE

Jacqueline Monique ou Marlene STOP est nee à 5 heures STOP
tout va bien STOP reponds vite STOP baisers STOP Eliane STOP

Six ans, avec ma Moum...
mais pas toutes mes dents !

Mon Poup.

Avec le Poup et mon frère Guy, tous en blanc dans une rue d'Alger la Blanche.

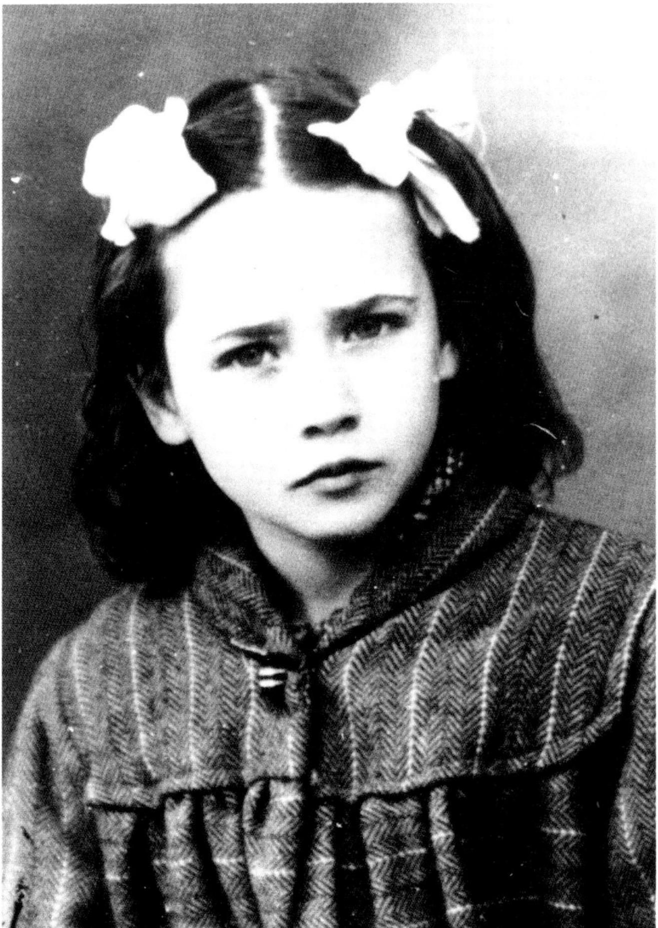

Six ans, belle mais grave.

Juin 1970, New York.

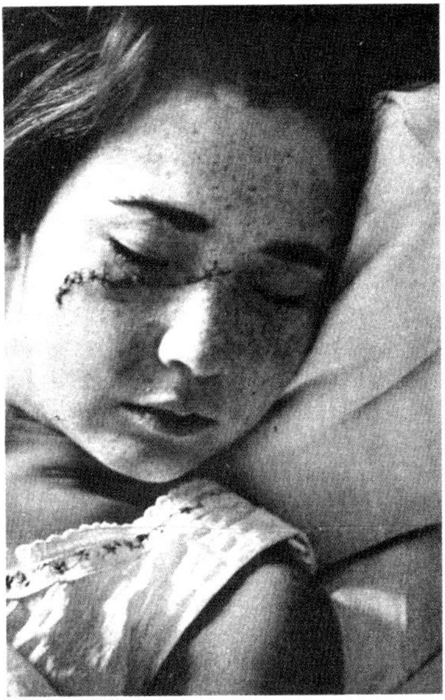

*À l'hôpital,
le lendemain de l'accident.
La cicatrice sur ma joue droite
mesure quand même
treize centimètres !*

Pétrie de trac avant de passer le concours d'entrée au Conservatoire.

Un de mes dessins, souvenir de vacances à Madagascar.

J'aime bien dessiner les portraits et celui-ci est particulièrement ressemblant. Ici, Ernest, le grand-père de mes voisins.

Admirez le travail ! La voit-on ma cicatrice ? Douée la Jobert !
Reine du camouflage.
Je rajoutais des taches de rousseur
aux endroits où les ponçages successifs les avaient gommées...

Avec ma Moum et mon Poup à l'époque du Passager de la pluie.

La fratrie Jobert : Guy, Michèle, Marlène, Christiane et Charles.

Avec mon petit frère d'adoption Dominique Besnehard,
« le môme de Normandie ».

Mon frère Charles, le jour de la naissance de mes bébés. Son expression m'amuse. N'a-t-il pas l'air de me dire : « C'est toi qui a fait ça ? Eh ben...! »

Avec Walter et nos filles, Eva et Joy.

Des bébés plein les bras.

Vacances en famille.

Les nanas Jobert pendant le tournage des Cavaliers de l'orage.

Trois ans, âge délicieux.
Bleu, blanc, rouge, on ne l'a pas fait exprès.

Beau trio.

PARIS MATCH
ILAN, PROIE DES BARBARES
Quand la haine raciale tue
Eva Green
Marlène Jobert
STARS DE MERE EN FILLE
La jeune Française sera la prochaine James Bond Girl
Un rôle convoité par toutes les actrices du monde
Marlène a été l'actrice française la plus populaire des années 70. En trois films, sa fille devient, à 25 ans, star internationale. Eva reprend le rôle d'Ursula Andress dans la nouvelle version de «Casino Royale».
www.parismatch.com
M 02533 - 2962 - F: 2,30 €

Beau duo.

Les César n'existaient pas encore au temps de mes plus beaux rôles... alors en 2007, l'Académie a trouvé que j'en méritais bien un, moi aussi, pour l'ensemble de ma carrière.

Ma première montée des marches à Cannes.

Avec Michel Audiard et Bernard Blier sur le tournage de Faut pas prendre les enfants du bon Dieu pour des canards sauvages.

L'affiche de L'Astragale, de Guy Casaril, d'après le roman d'Albertine Sarrazin.

J'avais oublié combien j'étais mignonne.

Avec Charles Bronson dans
Le Passager de la pluie
de René Clément.

Les mêmes, vingt ans après.

Sur le tournage d'Alexandre le bienheureux avec Yves Robert et Philippe Noiret.

Sur le tournage de Dernier domicile connu de José Giovanni avec Lino Ventura.

Avec Jean-Paul Belmondo et Sami Frey
dans Les Mariés de l'an II de Jean-Paul Rappeneau.

Michel Piccoli, Michael York et moi dans La Poudre d'escampette de Philippe de Broca.

Avec Kirk Douglas... et ses mini-fesses.

Entourée d'Anthony Perkins, d'Orson Welles et de Michel Piccoli sur le tournage de La Décade prodigieuse de Claude Chabrol.

Avec le grand Orson.

L'affiche du film de Maurice Pialat.

Avec Jean Yanne.

Avec Annie Girardot et Pierre Richard dans Juliette et Juliette.

L'affiche de Pas si méchant que ça, avec Gérard Depardieu.

Avec Jean-Louis Trintignant et Philippe Noiret dans Le Secret.

J'aime sa main qui ne m'effleure pas encore.
De quoi craquer, non ?

Voici quelques exemples de déconnades avec Philippe Noiret entre deux prises.

*Avec Claude Lelouch
sur le tournage de son film
Le Bon et les Méchants.*

Et avec Jacques Dutronc sur le même film.

Dans *Julie pot de colle*, de Philippe de Broca, avec Jean-Claude Brialy.

Sur le tournage de La Guerre des polices de Robin Davis avec Claude Brasseur.

Avec Claude Rich et « ma brigade ».

Dans
Les Cavaliers de l'orage,
de Gérard Vergez,
avec Wadeck Stanczak
et Gérard Klein.

L'auteure au travail.

Visite dans un hôpital auprès des enfants malades.

Une des mes écoles.

Premier grand rôle sur mes épaules

Après ces deux comédies populaires réussies, la profession ne m'imaginait plus que dans les rôles de *petite mignonne rigolote*. Et sans le producteur Pierre Braunberger, je n'aurais peut-être jamais accédé à des personnages plus consistants, plus denses, alors que j'étais faite aussi pour eux.

Cet homme, l'un des rares à se rendre fréquemment au théâtre pour y dénicher de nouveaux talents, m'avait remarquée dans *Danse lente sur un champ de bataille.* Mon potentiel dramatique, évident dans cette pièce, l'avait convaincu de m'engager pour le rôle principal du film qu'il préparait : *L'Astragale*, une adaptation d'un roman d'Albertine Sarrazin. J'ai tout de suite aimé la poignante histoire d'amour de cette jeune femme rebelle, en plein désarroi et à la témérité un peu folle.

Mon partenaire était Horst Buchholz, un acteur allemand qui faisait carrière aux États-Unis. Le jeune beau gosse révolté des *Sept Mercenaires*, c'était lui.

Cela ne m'est arrivé qu'une fois, voilà pourquoi je m'en souviens encore, mais l'amour dévorant que nos deux personnages étaient censés éprouver l'un pour l'autre dans le scénario avait fini par déborder du cadre... Un trouble certain s'était immiscé entre nous et malgré nous. Comme nous n'étions libres dans la vie ni l'un ni l'autre, nous n'osions plus nous effleurer du regard entre les prises.

Quand les projecteurs s'éteignent, les baisers de cinéma s'envolent...

Ce film se tournait en mai 1968, au moment où la jeunesse parisienne grondait sa révolte dans le Quartier latin. Des flots d'énergie jaillissaient de dessous les pavés. C'était comme si l'impérieuse nécessité d'un monde nouveau à conquérir s'était muée en une déferlante de colère trop longtemps contenue. Ça explosait tous azimuts. Si mon amoureux de l'époque participait à ce grand chambardement en brancardant la nuit les manifestants blessés vers les hôpitaux, de mon côté, accaparée par ce premier grand rôle, j'avoue n'avoir vécu Mai 68 que par procuration.

La mise en scène de Guy Casaril était intéressante, mais son obsession à vouloir me montrer à tout bout de champ en petite culotte et soutien-gorge m'irritait au plus haut point. Même si j'étais plutôt bien foutue, ce n'était pas une raison. J'avais beau lui répéter que m'exhiber autant finirait par lasser les spectateurs, l'opiniâtre tenait absolument à son défilé de lingerie. J'ai vécu l'unique fois où l'on devait me voir complètement nue comme une effraction, un cauchemar. Ma pudeur fut mise à rude épreuve le matin où il fallut me déshabiller devant la trentaine de techniciens. Ce petit plan de six secondes tant appréhendé fut finalement filmé avec décence. Casaril m'avait imaginée assise dans un fauteuil, de face, et aussi immobile que dans un tableau. La position, tout en étant naturelle, masquait ce qu'il fallait cacher. Rien n'y était impudique.

Si, quelques années plus tard, j'ai accepté de poser nue pour le magazine *Lui*, c'est bien parce que j'avais le choix exclusif des clichés, et surtout, que je connaissais très intimement le photographe. Avec lui, je savais que rien n'y serait dérangeant.

La critique a apprécié ce film et ma prestation. Un journaliste enthousiaste avait même écrit : « Marlène Jobert fait dans cette œuvre une composition remarquable. Si elle avait déjà une puissante nature comique, elle révèle dans ce rôle un beau tempérament dramatique. »

Si ces compliments avaient flatté mon ego, une lettre de félicitations très chaleureuse m'avait fait encore plus d'effet. Elle était signée Georges Pompidou. Excusez du peu… Quand mon père l'a eue entre les mains, c'est à toute la ville de Dijon qu'il aurait voulu la montrer…

La sortie de ce film me laisse un souvenir inoubliable et... cocasse.

Je me revois dans la salle. Je suis tendue, très excitée. À la dernière scène, au moment où la police m'embarque, ma gorge se noue, je déglutis, retiens mes larmes. Je me trouve stupide de revivre dans mon fauteuil la situation dramatique comme si je la découvrais, mais c'est plus fort que moi. Pendant le générique, je parviens à résister encore. Un projecteur soudain m'éblouit. Tonnerre d'applaudissements. La salle est debout. Quelqu'un se précipite avec un énorme bouquet. Et là, mon émotion trop longtemps retenue déborde. Déluge de larmes. J'ignorais que je pouvais en contenir autant. Je suis furieuse de ne pas avoir réussi à me dominer et furieuse contre ces maudits photographes qui mitraillent mon visage dévasté. Je plonge dans les fleurs pour le cacher. Mais rien ne me sera épargné. Quand j'émerge enfin de ce splendide bouquet, on s'esclaffe autour de moi. Je ne comprends pas pourquoi les photographes s'en donnent plus que jamais à cœur joie. Une main charitable me tend un mouchoir et l'on me dit que je suis toute jaune, barbouillée du pollen des lys.

Je peux affirmer que les photos parues dans la presse furent cruellement fidèles à cet instant.

Voilà donc comment j'ai vécu ma première « première ».

En route pour les étoiles avec *Le Passager de la pluie*

Tout de suite après *L'Astragale*, le producteur, Serge Silberman, et le scénariste, Sébastien Japrisot, me proposent le film qui va devenir le plus important de mes succès : *Le Passager de la pluie*.

Le metteur en scène, René Clément, à qui l'on doit *La Bataille du rail, Jeux interdits, Plein soleil* et *Paris brûle-t-il ?*, ne me connaissait pas et ne m'avait donc pas choisie lui-même. Au début du tournage, je me rappelle avoir été décontenancée par le peu de confiance qu'il me manifestait. Pour chaque scène, avant même que je lui montre comment je pensais l'interpréter, il jouait mes répliques pour que je les dise avec les mêmes intonations que lui.

Au bout du troisième jour, son épouse, présente sur le plateau, avait senti mon exaspération et lui avait lancé avec son fameux accent slave :

— Mais, Rrrréné chérrrri, laisse fairrrree la pètite, laisse-la... Elle est trrrès bien... !

Son « Rrrréné chérrrri », sur lequel elle avait une certaine influence, comprit qu'il faisait fausse route et que, pour obtenir le meilleur de moi-même, il fallait d'abord laisser « fairrrre » en effet ma nature spontanée avant d'en modifier éventuellement les intentions. Au fil des jours, sentant que je gagnais peu à peu la confiance de ce grand metteur en scène, je pris de plus en plus d'assurance et de plaisir.

« Et Bronson, il était comment, Bronson ? »

Étranger à notre langue, étranger à notre humour, étranger à notre façon de travailler, il restait dans son coin à jouer à... *l'Étranger*. Il observait, ne parlait à personne, donnait l'impression parfois de s'ennuyer ou de se ficher de tout... et même un peu de nous, surtout au début. Bref, il ne nous prenait pas très au sérieux, nous, les *Frenchies*. Avec son regard de panthère qui se demande si ça vaut la peine de vous tuer, il avait un charme fou. Le charme irrésistible d'un brigand sexy.

À propos de brigands sexy, je pense aux *Sept Mercenaires* et je souris. Je débarquais juste de ma province en 1960 quand j'avais vu ce film à sa sortie. Comment aurais-je pu imaginer alors que, quelques années plus tard, je me retrouverais dans les bras de deux de ces sept fameux gaillards : Horst Buchholz puis Charles Bronson ! Et pour deux films consécutifs !

Elle est quand même curieuse, la vie !

Je parlais très mal l'anglais et Bronson pas un mot de français. Fatalement, nos échanges furent un peu limités, mais une sympathie naturelle avait réussi malgré tout à installer une agréable connivence entre nous.

Sébastien Japrisot, l'un des scénaristes les plus doués de sa génération, nous avait écrit deux très beaux rôles. Il était fort, cet homme-là, pour parsemer ses intrigues d'une multitude de détails qui apportaient beaucoup de charme et de singularité à ses personnages. Ce sobriquet, par exemple, dont il m'avait affublée : « *Love-Love* ». Il m'est resté longtemps... j'étais souvent interpellée dans la rue par de gracieux « *Bonjour, Love-Love* ».

Une autre jolie trouvaille : le personnage de Bronson avait une manière bien particulière d'ouvrir les noix ; il les lançait sur des vitres ; les noix se cassaient toujours, mais jamais les vitres.

C'est avec de telles inventions que Japrisot séduisait son public.

Il m'avait vraiment gâtée avec ce rôle. J'en ai interprété d'autres très beaux aussi, mais celui-ci a été l'un de mes préférés, l'un des plus attachants.

René Clément avait eu l'excellente idée de choisir pour le rôle de ma mère une femme délicieuse et remarquable comédienne : Annie Cordy. Personne ne l'attendait dans ce registre, et elle y était épatante. Pourquoi *les petites marrantes* ne seraient-elles pas aussi crédibles dans des rôles un peu plus graves ? Ah ! Ces fichues étiquettes !

Impossible d'évoquer *Le Passager de la pluie* sans rendre hommage à Serge Silberman. Ce producteur avait l'œil à tout. Il tenait ses films à bout de bras, avec la même constance et la même vigilance pour les très grands metteurs en scène, comme Luis Buñuel, que pour les débutants. Il se battait pour eux depuis l'écriture du scénario jusqu'au lancement. Il ne pensait pas à l'argent que le film pourrait lui rapporter, mais avant tout à sa qualité.

Il me considérait comme sa fabuleuse découverte, *son bébé*, disait-il. C'était paternel, protecteur, rassurant et bien agréable. Et d'autant plus utile qu'ayant brûlé rapidement les étapes, j'étais mal préparée à cette célébrité soudaine. Serge l'avait bien compris : il me sentait vulnérable et voulait me protéger. Je l'aimais beaucoup, et pourtant… je fus avec lui d'une très grande ingratitude. Après ce film, il attendait de moi une sorte d'amitié exclusive. Il aurait aimé me conseiller sur les scénarios qui m'étaient proposés, m'orienter dans ma vie professionnelle, et peut-être même sentimentale. Je me suis éloignée de lui sans que rien le justifie ni l'excuse. Pas même si parfois je me suis sentie un peu étouffée par sa trop grande sollicitude. Il m'en a voulu, bien sûr. Et je le comprends. Après plusieurs mois de silence, j'ai eu envie de l'appeler mais, encombrée par ma crainte d'essuyer des reproches mérités, je n'ai pas bougé. La brèche était faite, le temps avait pris tout son temps pour l'agrandir sans pitié.

Si je n'ai pas beaucoup de remords dans la vie en général, celui-ci en est un.

À la sortie du film, j'ai dû assurer sa promotion dans les principales villes françaises, dont Marseille. Mes parents qui, depuis la retraite de mon père, habitaient près de Toulon, étaient venus me rejoindre. Je les avais invités à déjeuner dans l'un des plus luxueux restaurants de la ville. Pour la première fois de leur vie, ils mettaient les pieds dans un établissement de ce standing. Je me souviens de leur réaction en regardant évoluer autour de nous le ballet des nombreux serveurs un peu trop obséquieux :

— Mais c'est quoi, tout ce cinéma ? m'avait chuchoté mon père.

La somptueuse bouillabaisse que j'avais commandée les avait laissés pantois ; ils voulaient tout goûter, trouvaient tout délicieux, reprenaient de tout. Et j'avoue que leur avidité m'avait fait un peu honte. Aujourd'hui, j'ai honte d'avoir eu honte.

Lino Ventura et la petite morveuse prétentieuse

Après l'immense succès du *Passager de la pluie,* les propositions commencent... *à pleuvoir*. Parmi ces projets figure *Dernier domicile connu,* que José Giovanni allait adapter d'un polar américain et mettre en scène. Lino Ventura en accepte le rôle principal et l'on m'offre de partager cette aventure avec lui. Lino après Bronson... l'idée de me frotter à cette autre grande pointure, bien évidemment, m'enthousiasme. J'aimais son naturel et sa *gueule* si particulière de grand dur triste.

Le scénario m'intéresse, une belle histoire tragique tirée d'un fait divers, cependant, mon rôle me paraît beaucoup moins riche que dans mes deux films précédents. Ma petite tête d'enfant gâtée par le succès s'imaginait qu'après *L'Astragale* et *Le Passager de la pluie* mon chemin se poursuivrait au milieu de lys et de roses et que j'allais inévitablement enchaîner avec des personnages de la même trempe. Je confie ma déception au producteur, qui me promet de faire retravailler le script.

Un mois plus tard, je reçois la version finale... et stupéfaction ! Rien, absolument rien, n'a été modifié. On ne me donne aucune explication, pas un mot, pas un coup de fil, rien. Je me sens offensée. Comme je n'ai pas encore signé mon contrat, je fais savoir que je refuse le film.

Panique, bien sûr, dans les bureaux de mon imprésario. Ça s'agite tout de suite sous les cachemires ; on me dit que le producteur a monté ce film sur les noms de Ventura et Jobert, et que trois semaines avant le tournage, je ne peux pas lui faire un coup pareil.

Personne n'imagine alors que je puisse être blessée par un manque d'égards et de considération. À aucun moment je n'étais devenue une star arrogante comme certains l'ont pensé. Lino Ventura en premier, pour qui je n'étais, m'a-t-on charitablement répété, qu'une *petite morveuse prétentieuse*.

« Si tu ne tournes pas ce film, tu vas t'attirer le mépris de tout le métier ! » m'avait prévenue mon imprésario. Face à cet argument lourd de menaces, j'ai fini par céder...

Lino, profondément vexé par mon refus, même si j'étais revenue sur ma décision, m'en a énormément voulu. C'est qu'il avait la rancune tenace, mon cher partenaire ! Il ne m'a pas adressé la parole durant les deux mois du tournage. J'en fus dépitée. Je rentrais chaque soir dévastée.

Notre metteur en scène, José Giovanni, avait eu un parcours particulièrement chahuté avant d'entrer dans ce métier : onze années de prison, condamné à mort, puis gracié... Était-ce son passé de détenu qui expliquait la singularité de son comportement sur le plateau ? Son calme, tout d'abord : impressionnant. Je ne l'ai jamais vu s'énerver ou hausser la voix. Il parlait peu, nous chuchotait ses indications à l'oreille aussi discrètement que des confidences. Il ne souriait pas souvent, mais sans pour autant faire preuve de rigidité, ni abuser de son autorité. Avec lui, pas de débauche de gestes. Un soir, après la projection des rushes, il était si satisfait qu'il m'avait tapoté l'épaule, l'équivalent pour lui d'une très forte étreinte.

Je suis heureuse aujourd'hui d'avoir ce beau film à mon actif. Et dire que je voulais le refuser ! C'est ce que j'ai pu dire à Ventura... une quinzaine d'années plus tard...

Un après-midi, je le croise par hasard sur les Champs-Élysées. J'ai en face de moi un Lino en pleine forme, gai, jovial, qui me serre dans ses bras. J'ai bien dit *dans ses bras*. J'ai même cru qu'il allait m'étouffer. Est-ce que je rêvais ? Sortait-il d'un déjeuner trop arrosé ? M'avait-il confondue avec une autre ?

Je lui avoue combien j'avais souffert de notre discorde et il me répond :

— Je sais, je sais, je l'ai appris après, c'est ce con de producteur qui s'est mal conduit...

Après l'avoir quitté, des larmes coulaient sous mes lunettes de soleil sans que je puisse les retenir. La productrice avec qui j'avais rendez-vous ensuite crut qu'un malheur venait de me frapper. Je la rassurai en éclatant de rire :

— Non, non, au contraire. Je pleure parce que je vais bien...

Honneurs à l'italienne

En Italie, *Le Passager de la pluie* et *Dernier domicile connu* ont aussi rencontré un beau succès. Au Festival international du film de Taormina, en Sicile, on m'a attribué le prix spécial pour ces deux interprétations. Cette distinction, le « David di Donatello », est aussi prisée qu'un oscar aux États-Unis ou un césar en France.

La maison Dior m'avait prêté une robe absolument somptueuse. Ma première vraie robe de gala. J'avais mis un temps fou à la choisir, et de ma vie je ne m'étais trouvée aussi jolie.

J'arrive à Taormina : plus de valises ! Égarées. Après des heures perdues en vaines palabres à l'aéroport, on me dit que mes bagages, certainement détournés sur un autre vol, me suivront au San Domenico, le palace où une suite m'a été réservée.

Le lendemain en fin de matinée, mes bagages ne sont toujours pas arrivés. L'après-midi non plus. Je ne trouve même plus assez d'énergie pour alimenter ma colère. La contrariété m'aveugle : je ne vois rien de ce paradis sur terre, rien de la vue époustouflante sur des jardins luxuriants perchés au-dessus de la mer turquoise, rien de toutes ces merveilles. Je fais savoir que je n'irai pas chercher mon prix ; je ne peux pas m'y présenter en tenue de voyage et sandalettes. On me fait essayer quelques toilettes du soir empruntées aux boutiques chics des environs mais, bien sûr, rien ne sied à ma petite taille. Je m'apprêtais à ruminer mon amertume dans ma chambre en suivant la cérémonie en direct à la télévision, quand on frappe à ma porte. Ah ! Ma valise, enfin ! Tout aussi excitée que Cendrillon attendant sa robe de bal, je cours ouvrir. J'ai devant moi un beau grand blond, un peu genre Lawrence d'Arabie dans le film de David Lean. S'il m'offre une belle allure de prince et un sourire magnifique, il n'a malheureusement rien dans les mains.

Il se présente :

— *Peter O'Toole.*

— Non !

— *Yes!*

C'était bien lui, Lawrence d'Arabie ! Enfin... le vrai Peter O'Toole ! Le bel acteur avait perdu son keffieh de Bédouin et son bronzage de tournage, mais pas le bleu intense de ses yeux légendaires. Les membres de l'Académie du festival l'avaient envoyé, lui, parce qu'il parlait un peu le français, pour me convaincre de me rendre malgré tout à la cérémonie. Je l'entends encore m'expliquer avec son délicieux accent que, même en tenue décontractée, cela n'aura aucune importance, au contraire, que cela tranchera, que ma simplicité fera même de l'effet ; que mon talent si apprécié dans ces deux films compte avant tout, et que, et que… et bla-bla-bla et bla-bla-bla… Bref, l'habile ensorceleur réussit à me persuader que, loin de me desservir, cette mésaventure m'offrait l'occasion de me distinguer. Une chance unique, en somme… M'avait-il envoûtée ? Sûrement ! Aussi, comme dans un état second, j'ai sauté dans ma petite robe de voyage, mes sandalettes… et je l'ai suivi !

Cette superbe cérémonie se déroulait à la nuit tombée dans les arènes d'un théâtre antique gréco-romain. Les lauréats, accompagnés d'un extrait de la musique de leur film, apparaissaient chacun son tour tout en haut des gradins sous les projecteurs et les applaudissements. Puis, pour descendre jusque sur la scène, ils empruntaient une longue et étroite passerelle suspendue au-dessus de la foule.

En passant au-dessus des groupes de Français, je me rappelle très bien avec quelle excitation et quelle fierté ils acclamaient leur petite compatriote en hurlant son prénom. C'est pour moi un souvenir toujours aussi lumineux. Comme celui où Sophia Loren m'a remis le prix pour mes rôles, dans *L'uomo venuto dalla pioggia* et pour *Ultimo domicilio conosciuto*. J'ai toujours beaucoup aimé la musicalité de cette langue, mais là, dans la bouche de Sophia… quelle symphonie !

Le contraste sur scène entre nos deux silhouettes était saisissant. Elle, dans une robe de princesse des *Mille et Une Nuits*, me dépassant de deux têtes avec ses talons hauts, plus parée de bijoux qu'une vitrine de la place Vendôme, et moi, à côté, *pauvre petite chose vêtue si modestement*.

C'est sûr, Peter O'Toole avait eu raison, ma surprenante simplicité avait dû faire de l'effet.

Quand le vent souffle du bon côté, un projet en pousse un autre, le cortège des films s'allonge…

C'est ici qu'arrivent au grand galop et sur une musique légère et endiablée de Michel Legrand…

Les Mariés de l'an II

Ce joli film se tourne en été en Roumanie. Dire que ce pays m'a laissé un souvenir impérissable, non, ça, je ne peux pas. L'hôtel au centre de Bucarest est immense, froid et triste, stalinien. Heureusement, le tournage me le fait vite oublier : un metteur en scène exigeant, subtil et sympathique, un scénario plein de rebondissements, des scènes de comédie pure aux dialogues ciselés... et une brochette d'acteurs tous plus irrésistibles les uns que les autres. En tête, pour son côté solaire, une grande star adulée du public : Jean-Paul Belmondo. Pour son petit je-ne-sais-quoi de torturé qui me le rendait profondément attirant, Sami Frey. Pour son panache, toujours aussi flamboyant à quatre-vingts ans, Pierre Brasseur. Et pour sa beauté, Laura Antonelli, une actrice italienne magnifique, mais si magnifique... que notre Bébel national ne put faire autrement que d'en tomber fou amoureux.

Ce tournage épique dura un peu plus de quatre mois. Nous avions pris beaucoup de retard, pour des raisons climatiques mais surtout à cause de l'équipe de techniciens roumains qui parlaient mal le français ; les informations passaient difficilement, voire pas du tout. Diriger un tel *paquebot* pour Jean-Paul Rappeneau, le jeune metteur en scène qu'il était alors, fut compliqué. Il avait dû s'en faire, des cheveux ! Ce qui n'aurait pas été plus mal... À trente-neuf ans, il n'en avait déjà plus beaucoup. Son perfectionnisme était impressionnant ; il lui arrivait d'exiger dix-sept prises, ou même plus, pour obtenir exactement ce qu'il souhaitait. Je conserverai toujours pour ce grand gaillard bourré de talent une admiration mêlée de tendresse. Je l'ai rencontré récemment, il a gardé la même courtoisie touchante teintée d'embarras, et la même sensibilité jamais feinte.

Avec Belmondo, en dehors du tournage, nous n'avons pas eu beaucoup d'échanges. J'imagine qu'il devait traverser une période délicate : d'un côté, il lui fallait rompre avec son ancienne compagne, Ursula Andress, et de l'autre, vivre secrètement sa nouvelle liaison avec Laura Antonelli. Je ne le rencontrais donc que sur le plateau, où il montrait l'image connue de tous, celle d'un joyeux drille exubérant, toujours prompt à plaisanter, apparemment désinvolte mais très professionnel en même temps.

Nous sommes restés ensuite plus de quarante ans sans jamais nous revoir, ni même nous croiser. Le hasard ou le tourbillon de nos vies en a voulu ainsi. Mais l'année 2013 nous a offert d'émouvantes retrouvailles.

C'était à la Cinémathèque française, à l'occasion d'une soirée organisée autour de la projection d'une copie remastérisée des *Mariés*. Et l'un comme l'autre, nous n'arrivions pas à croire que tant de temps s'était écoulé depuis… l'an II.

Dans les coulisses, avant que la projection ne commence, nous avons évoqué bien évidemment le terrible accident vasculaire cérébral qui faillit lui être fatal et dont il garde des séquelles très invalidantes. Je ne pense pas qu'il m'aurait confié le calvaire qu'il avait enduré et son difficile combat au quotidien si je ne lui avais pas révélé que mon propre frère, Guy, venait d'être victime lui aussi de la même tragédie. S'il s'était autant livré, c'est sans aucun doute qu'il avait senti à quel point j'étais à même de le comprendre.

Après ce petit moment passé ensemble, on nous invita à nous présenter devant le public. Nous nous sommes avancés lentement dans la lumière des projecteurs, lui, s'appuyant sur sa canne avec son bras valide, moi lui tenant l'autre qui ne l'était plus. Les spectateurs, debout, manifestement émus de nous revoir côte à côte quarante ans plus tard, nous acclamaient avec ferveur. Mais je sentais qu'ils étaient surtout bouleversés de retrouver leur Bébel aujourd'hui si différent et pourtant... toujours aussi souriant !

Kirk Douglas et ses mini-mini-fesses

On m'offre ensuite de tourner à Londres un film d'espionnage, *Catch me a spy,* avec pour partenaire Kirk Douglas.

J'y interprète une jeune Française qui enseigne l'éducation physique et le français dans un collège à Londres. Moi, à qui le football est aussi familier que la bicyclette à une chèvre, me voilà en short dans un parc londonien, shootant dans un ballon, courant partout, sifflet à la bouche, sans même comprendre les règles de ce jeu. Si j'ai oublié la trame peu passionnante de cette histoire d'agents secrets, j'ai retenu la beauté des paysages d'Écosse où le tournage s'est terminé : ses éclairages magiques, ses brumes en suspension au-dessus des lacs, ses champs de bruyère violacés et ses effluves si particuliers de tourbe fumée. Mais mon plus beau souvenir, c'est ma rencontre avec Kirk Douglas. Je ne parlerai pas de son talent, connu de tous, mais de l'homme, de cet être subtil, sensible et généreux qui m'a laissé une empreinte indélébile.

Cher Kirk et sa fameuse fossette au menton ! Elle était si profonde qu'elle lui faisait comme une mini-mini-paire de fesses. Je trouvais cela original et charmant. Je le lui avais dit, et en riant, le taquin, m'avait répondu : *Mes mini-mini-fesses,* darling, *portent bonheur à toutes les jolies filles qui les embrassent, le savais-tu ?*

Quel âge as-tu aujourd'hui, Kirk ? Google me dit que tu vas avoir bientôt cent ans ! Tu ne te souviens sûrement plus de moi, ni de notre tout dernier moment passé ensemble…

C'était après le dernier plan du tournage. J'étais pressée. Un avion à prendre. J'avais couru jusqu'à ta loge-caravane te dire au revoir. C'était plus un adieu, je le savais. Peu probable que nous nous retrouvions un jour. Le cœur serré, j'étais arrivée au moment où, tout barbouillé de crème, des Kleenex autour du cou pour protéger tes vêtements, tu te démaquillais :

— Attends une minute, *darling*, j'enlève ça !

— Non, non, je m'en fiche…

Et, pour plaisanter, je t'avais attrapé avec fougue et t'avais embrassé sur les joues, le front et plusieurs fois sur tes si charmantes mini-mini-fesses. J'en voulais, moi, du bonheur, j'en voulais. À faire la folle, j'avais réussi à partager généreusement ton démaquillant. J'en avais partout. Nous en avions beaucoup ri, mais tu avais soudain surpris dans mes yeux toute ma tristesse de te quitter. Je revois encore ta mine déconcertée.

Avant de m'engouffrer dans la voiture qui allait m'emmener à l'aéroport, je m'étais retournée : tu étais sorti sur les marches de ta caravane, tes Kleenex toujours autour du cou et avec un petit sourire tendre, deux doigts sur ta bouche, tu m'avais envoyé un baiser.

Cette dernière image de toi continue à m'habiter.

Certaines nostalgies s'invitent sans prévenir...

Le grigri de Monsieur Chabrol

Avant que je parte tourner en Angleterre, Claude Chabrol m'avait parlé de son projet : *La Décade prodigieuse*. Coincée par les dates, j'avais dû décliner son offre. Mais Chabrol n'en était pas resté là. Un soir, à Londres, à mon retour du tournage, il m'attendait avec son producteur dans le hall de mon hôtel. Je lui renouvelai mon refus, lui répétai que je venais d'enchaîner trois films et qu'après ce dernier avec Kirk Douglas il ne me resterait que deux petits mois pour recharger mes batteries et préparer le suivant, *Nous ne vieillirons pas ensemble*. Néanmoins, l'habile têtu s'obstinait :

— Deux mois sur mon film seront presque des vacances… ! Ça suffira pour vous requinquer. Ce sera l'été, en Alsace, une région magnifique ! Vous serez traitée comme une princesse. On va vous louer une belle maison. Il y aura tout ce que vous voudrez. Le script a plu à Orson Welles, Anthony Perkins et Michel Piccoli. Ils ont tous donné leur accord, il ne manque que le vôtre. Acceptez, je vous en prie…

Et voilà que pour plaisanter, il se jette à mes genoux :

— Je ne me lèverai que lorsque vous m'aurez dit oui !

Que faire ? D'abord je ris bêtement, comme toujours, pour dissimuler mon embarras. Puis, très troublée à la fois par sa folle insistance et par les noms des partenaires prestigieux qu'il vient de m'annoncer, je finis par accepter. Il pousse alors un cri d'Apache et aussitôt commande une bouteille de champagne pour arroser l'événement.

« Et alors, Orson Welles, il était comment ? »

C'est la question qui brûle toutes les lèvres. Normal… Un tel monument ! Pour y répondre, encore eût-il fallu que je l'aie côtoyé plus longuement.

Je me souviens d'avoir été une fois très touchée par sa courtoisie.

Un matin, on tourne une scène de dîner. Autour de la table, les acteurs attendent que l'équipe technique soit prête pour le prochain plan. Orson Welles me demande si le cigare me gêne. Son charisme m'impressionne trop pour lui avouer que je ne le supporte pas.

— *No, no, it's all right, Orson... Please do.*

Aussitôt, il en offre à Piccoli, Perkins et Chabrol. Tous se mettent alors à téter voluptueusement leurs énormes *barreaux de chaise*. Très vite, inévitablement, l'air me devient irrespirable. Je ne veux pas passer pour une chochotte ; je tais mon malaise ; mais mon côté crâneur ne résiste pas longtemps à mes nausées. Je dois m'absenter du plateau un petit moment.

Le lendemain, dans ma loge, une énorme gerbe de roses m'attend avec un petit mot d'excuses, signé Orson.

Je vais l'en remercier. Il me caresse la joue et me serre contre lui. J'aimais beaucoup son timbre de voix : du velours aux franges âpres. Un Barbe-Bleue à la fois séduisant et inquiétant. Tout à fait le personnage qu'il incarnait dans notre film.

Ce n'étaient pas mes dialogues en anglais, appris par cœur avec un coach, qui auraient pu alimenter une conversation. Alors, au lieu de le fatiguer avec mon bafouillage maladroit, je préférais m'exprimer par gestes et regards. Nous mimions ainsi nos échanges et ce jeu l'amusait beaucoup. Nos yeux découvraient le langage qui manquait à nos lèvres. Nous passer de mots permettait cette petite proximité que nous n'aurions peut-être jamais atteinte autrement. Une étreinte affectueuse de nos prunelles, en somme.

Anthony Perkins, incarnation même de l'élégance au physique d'éternel adolescent poussé trop vite, était vraiment un délicieux partenaire ! Il parlait joliment le français et nous partagions des rires espiègles de sales gamins. Je pense à l'un d'entre eux surtout, plutôt jaune à vrai dire, celui-là.

Dans le scénario, nous étions amants et, lors d'une scène, nous devions dormir côte à côte dans un sous-bois. Chabrol avait choisi cet endroit obscur et mystérieux pour mettre en valeur la pâleur de nos corps nus. Voulait-il retrouver dans cette image la grâce irréelle de la lumière d'un tableau de Courbet ? Peut-être ! Seulement, une fois allongés sur ce sol noir de myrtilles qui nous écorchait déjà la peau sans pitié, des fourmis commencèrent à nous escalader. Perkins essayait de calmer ma nervosité en plaisantant, mais je sentais bien que lui non plus n'en menait pas large :

— Sais-tu à quoi ressemblent les morsures des fourmis rouges ?

— Oui, à de grosses cloques qui brûlent à rendre dingue !

Notre rire nerveux accompagné de sursauts de répulsion devint carrément fou rire lorsque Chabrol, posté avec l'équipe caméra à une trentaine de mètres, se mit à crier dans son mégaphone :

— Ne bougez surtout pas, n'oubliez pas que vous dormez !

Trop loin pour se rendre compte de notre supplice, il hurla encore :

— Mais pourquoi vous bougez comme ça ? Allons, les enfants... Des nuages arrivent, faut se dépêcher...

Impossible de lui répondre, ce fichu fou rire nous en empêchait.

Quant à Michel Piccoli, je ne me suis jamais sentie tout à fait à l'aise avec lui. Ce n'était peut-être que dans ma tête, mais il me donnait la dérangeante impression d'être transparente, ou pas plus intéressante qu'un réverbère. Jamais désagréable avec moi pourtant, mais indifférent. Quand je fouille dans le coffre de ma mémoire où je range tous les regards échangés avec mes partenaires, je ne parviens pas à en trouver un seul de Michel. Pas une fois où il m'ait regardée droit dans les yeux.

Claude Chabrol, lui, affichait un sourire béat du matin au soir. À croire qu'il était sous Prozac. Je me dis toujours cela de tous les gens trop euphoriques quand, dans leurs yeux, je vois en permanence des lumières de fête. N'empêche que c'était bien agréable de se réchauffer à sa bonne humeur. Je ne peux l'évoquer sans parler de sa gourmandise de la vie, du cinéma et de la bonne bouffe. Il aimait bien nous chatouiller les papilles en évoquant, avec une poésie toute personnelle, les plats du très bon restaurant qu'il avait déniché la veille.

Quand il était venu me voir à Londres, son obstination à me vouloir dans sa distribution m'avait paru quelque peu bizarre. Je trouvais sincèrement que ma présence n'était pas si indispensable à son film. Un soir, après un dîner qu'il avait sûrement un peu trop arrosé, je compris pourquoi il avait tant insisté, et mon ego en prit un sérieux coup.

Il m'attrape par un bras en s'adressant à Welles :

— Sais-tu pourquoi je l'ai voulue absolument avec nous, celle-ci ? Parce que tous les films qu'elle tourne sont des succès !

In vino veritas ! Le brigand ! C'était donc cela qui l'avait motivé ? Je pensais jusque-là qu'il m'avait choisie pour mon talent, mais en fait je n'étais pour lui qu'un porte-bonheur : un grigri, le *grigri de Monsieur Chabrol*.

Cette *Décade prodigieuse* n'a pas eu le succès escompté. La faute en incombait, avant tout je pense, au scénario. On s'ennuie très rapidement avec ce chassé-croisé entre des personnages dont le destin ne nous fascine pas vraiment. Comme quoi, même entre les mains des meilleurs metteurs en scène et avec des acteurs de talent, un récit peu crédible ne parvient pas à sauver un film. Jean Gabin ne disait-il pas : « Pour réussir un film, c'est simple, en premier il faut une bonne histoire, en deuxième une bonne histoire et en troisième une bonne histoire » ?

Le plus houleux de mes tournages

Maurice Pialat, le metteur en scène de *Nous ne vieillirons pas ensemble*, avait un talent fou, mais un caractère… un peu particulier. À la fois insupportable et attachant. Ses réflexions ironiques ou acides me crispaient. Sa propension à dénigrer tout le monde, lui y compris, ajoutée à son pessimisme permanent m'agaçait. Il me donnait parfois la triste impression que rien ne parvenait à le toucher, pas même les louanges. Il les prenait pour d'hypocrites flatteries. Et, malgré tout, je le trouvais attendrissant. Son côté écorché vif, rempli de doutes et de révoltes, me touchait. Son sourire tendre et malicieux qui s'affichait au moment où on l'attendait le moins me désarmait.

Dans son film complètement autobiographique, on ne trouve pas l'habituelle construction d'une histoire. Son but était de montrer la réalité crue de la dégradation d'un couple, ses méandres, de rancunes en pardons puis en affrontements irréparables. Son talent privilégiait l'authenticité avant tout. Sur notre film, j'avoue avoir pensé qu'il poussait de temps en temps un peu trop loin sa *soif du vrai*. Par exemple, dans un hôtel où il avait vécu son histoire, il piqua une crise en voyant que le papier peint de *leur* chambre avait été changé. Même crise pour le maillot de bain que je devais porter : il n'était pas identique à celui de la jeune femme qui partageait sa vie à ce moment-là. Saugrenu, non ?

Pialat avait choisi Yanne pour sa ressemblance avec lui : le même côté râleur, la même présence vaguement inquiétante. Mais voilà : si dans son scénario Maurice prenait un plaisir masochiste à se dévoiler sous un jour peu avantageux – odieux avec les femmes, injuste et lâche, torturé par ses faiblesses et ses démons intérieurs –, Jean, lui, rechigna très vite à incarner cet homme. Chaque fois qu'il essayait de rendre son personnage moins désagréable, Maurice s'y opposait farouchement. Ils n'étaient d'accord sur rien, chacun pensant que l'autre faisait exprès de lui déplaire. Ce qui menait à d'interminables disputes. Au bout d'une semaine, ils ne se parlaient déjà plus. Quand ils avaient à communiquer, je devais servir d'intermédiaire :

— Va dire à ce malade que je ne veux pas dire cette réplique de débile ! me demandait Jean.

— Réponds à ce con que, s'il ne la dit pas, j'arrête de tourner ! me répliquait Maurice.

La troisième semaine, la tension était à son comble. Le vendredi soir, comme nous étions dans la région d'Arles et que mes parents n'habitaient pas très loin, je m'apprêtais à aller passer le week-end chez eux. Le producteur me prit à part pour me dire qu'il avait fait une erreur, que le scénario de Pialat, trop décousu, fait d'instants de vie sans cohérence ni logique, ne pourrait jamais séduire le public... Bref, qu'il décidait d'arrêter le tournage et que ce n'était pas la peine de revenir le lundi. J'étais sidérée.

Je trouvais au contraire que Pialat abordait la banalité du quotidien avec réalisme et que ses dialogues paraissaient si naturels qu'ils donnaient l'impression d'être improvisés. Il était vrai que son fichu caractère, attisé par ses querelles avec Yanne, plombait l'atmosphère. Mais de là à compromettre l'existence de cette œuvre singulière ! Non ! La perspective de tout arrêter me semblait aberrante.

Durant le week-end, j'avais appelé Maurice à plusieurs reprises, en vain. Le lundi matin, poussée par je ne sais quelle intuition, j'avais tout de même rejoint le tournage. Les techniciens éparpillés dans la région attendaient qu'on leur dise s'ils devaient rentrer à Paris ou rappliquer. Mais la nouvelle de mon retour avait dû se propager comme une traînée de poudre ; je les ai vus débarquer l'un après l'autre. Vers midi, tout le monde était là, même Yanne, et le tournage a pu reprendre. Je me demande ce qui se serait passé si je n'étais pas revenue... Un si beau film... un de mes meilleurs...

Dans ma carrière d'actrice, je n'aurai vécu aucune expérience dans un climat aussi orageux, aussi proche du happening.

J'admirais Jean Yanne pour son intelligence, son esprit caustique, son sens de la dérision et son génie du sarcasme, mais bien qu'il ait toujours été agréable avec moi, la crainte de son ironie m'empêchait de me laisser complètement aller. Il était aussi volubile que secret et réservé. Il ne laissa rien paraître par exemple des affres qu'il vivait pendant le tournage. Il allait à Paris chaque week-end à l'hôpital soutenir son ex-épouse mourante.

On ne peut oublier le regard poignant de colosse blessé qu'il offre à la caméra dans le dernier plan du film. Il est bouleversant. Il a été récompensé à Cannes pour ce rôle, mais il n'est pas venu chercher son prix. Il pensait ne pas le mériter pour ce personnage qu'il trouvait détestable, et puis... sa rancœur pour Pialat ne s'était toujours pas éteinte...

Comme leurs ressentiments paraissent dérisoires, aujourd'hui que l'un et l'autre ne sont plus... ! Je ne serais pas surprise que là-haut ces deux-là soient toujours en train de se chamailler.

Et « le Poup » s'en est allé...

À peine revenue à Paris fin août, mon frère Guy m'appelle : notre père vient d'entrer à l'hôpital militaire de Toulon et c'est grave. J'ai le chirurgien au téléphone. Il me parle d'un nouveau médicament que l'on ne peut obtenir qu'à l'Institut Pasteur, et il ajoute :

— Si vous pouviez nous le faire parvenir, j'aimerais l'avoir pour l'opérer cet après-midi. C'est très important !

Je sens dans le ton de sa demande que la vie de mon Poup dépend de ma réactivité. Je file à l'Institut Pasteur, me renseigne sur les horaires d'avion, pas de vol avant le soir. Que faire ? Pas d'autre solution que de louer un avion privé : seul un Mystère 20 est disponible. Me voilà, à trente et un ans, seule avec pilote et copilote à bord de ce petit engin, mon médicament dans une main et mon cœur en marmelade dans l'autre. Il cogne fort, mon cœur, très fort. Je le sens battre jusque dans mes gencives ! Je n'ai jamais eu autant conscience de la présence de ce muscle au centre de ma personne. J'ai chaud, j'ai froid, une barre me scie la poitrine, perles de transpiration, je tremble. Je me sens mal. Le copilote s'en aperçoit, il m'allonge dans l'allée :

— Respirez calmement, respirez.

Il est marrant, lui ! Les parois de mes narines se collent, l'air ne veut pas passer. Ma crise d'angoisse n'a duré que quelques minutes, juste le temps de me faire croire que j'allais mourir.

Sur le tarmac de l'aéroport d'Hyères, je confie mon précieux médicament à un motard de la police qui l'apporte au plus vite à l'hôpital.

Mais tous mes efforts et cette course folle contre la montre furent vains. Quelques jours plus tard, notre Poup s'en allait.

En moins d'une semaine, les stigmates de la souffrance avaient fait de cet homme si jeune encore – il n'avait que cinquante-six ans – un petit vieillard méconnaissable. Cette dernière image de lui me marqua cruellement.

*

— Mais pourquoi je ne l'ai jamais vu, ton papa à toi ? s'était étonnée un jour ma fille Eva à l'âge de quatre ans.

— C'est normal, il est mort avant ta naissance. Il a été très malade et il est mort.

Un quart d'heure plus tard, Joy, sa sœur, qui nous avait entendues, s'approche, m'enlace le cou et me glisse à l'oreille :

— Si tu veux, je te prête mon papa.

*

Ce soir, dans ma maison, je regarde le soleil embraser lentement l'horizon et je me dis que toi, mon Poup, qui étais si sensible aux beautés de la nature, tu aurais adoré être ici, dans cette maison que j'ai achetée une année après ta disparition. Tu aurais peut-être trouvé que ce bon mot d'Alphonse Allais pouvait quelquefois mentir : « Quand on voit Le Havre, il va pleuvoir. Quand on ne le voit pas, il pleut déjà ! »

Il ne fait pas plus mauvais ici qu'ailleurs, tu sais... Disons que c'est comme en Bretagne ou en Irlande : quand on se résigne douillettement au crachin de la mélancolie, un grand coup de bleu ensoleillé vient vous faire des reproches. Et puis, s'il ne pleuvait pas, le beau temps aurait-il un sens ?

Que m'auras-tu légué, Papa ? Ta rigueur, ton honnêteté, ton désir de toujours mieux faire, ta constance dans les défis lancés ? J'ai hérité aussi de ta fantaisie. C'est vrai que pour nous faire rire tu n'hésitais pas *à faire le couillon*, comme tu disais. Pour tout cela, merci... Vraiment, merci ! Mais je me serais tout de même bien passée de ta recherche constante de l'impossible et de *ton putain de perfectionnisme* qui me prend trop souvent la tête ! Que ne suis-je un poil plus insouciante ? Quel confort ce serait !

Je rêve parfois de pouvoir changer de cerveau comme de chapeau. On l'accrocherait à un portemanteau et on l'échangerait contre un autre, plus léger, qui conviendrait mieux à notre cœur, à notre humeur du moment. Et l'on se sentirait alors en harmonie avec le monde entier.

À présent, dans la pénombre qui s'est changée en obscurité, où seul luit l'écran de mon ordinateur, je songe à ce rêve récurrent que j'ai fait plusieurs années après ton départ. Ça ressemblait à un rêve, bien qu'une partie de moi semblât ne pas dormir tout à fait.

J'étais dans mon lit et je sentais mon matelas s'enfoncer juste à l'endroit où l'on s'assied auprès d'un enfant quand on vient lui raconter une histoire. Le creux se formait exactement comme sous le poids d'un corps. Je n'osais bouger. Ce phénomène m'inquiétait et en même temps, bizarrement, je redoutais qu'il disparaisse. Et fatalement, il disparaissait.

Était-ce ton fantôme qui venait me rendre visite, me faire comprendre qu'il y avait plein de choses encore que tu aurais souhaité me dire… ?

Un passé pas si simple

Aujourd'hui, nous en savons un peu plus sur toi. À Dijon, tu avais secrètement enquêté pour essayer de retrouver ta mère. Tu avais mis du temps à te décider à entreprendre cette démarche. Redoutais-tu ce que tu pourrais découvrir, ressentir ou, pire encore, ne pas ressentir ? Ton intention n'était pas de perturber le cours de son existence, ni de lui intenter le procès de son passé, mais seulement de faire sa connaissance. Les services sociaux te révélèrent le lieu où tu pourrais la trouver et une nouvelle qui te bouleversa : tu avais un frère, Louis, ton aîné de deux ans, abandonné lui aussi à l'Assistance publique. À cette époque, il était de tradition de ne pas révéler les fratries. Tous les deux, vous aviez donc vécu dans l'ignorance mutuelle de l'existence de l'autre.

Tu dénichas ta mère dans une ferme où elle était hébergée contre un travail de domestique agricole. Comme les fermiers souhaitaient s'en débarrasser, tu la fis venir chez nous.

Et voici comment mon regard d'adolescente *sans complaisance* a perçu cette nouvelle grand-mère…

J'ai donc vu débarquer une femme prénommée Augustine, âgée d'une soixantaine d'années mais en paraissant davantage. Je l'avais trouvée laide avec ses lunettes *cul-de-bouteille* et ses mains robustes de sorcière toutes déformées. Nous nous faisions tous une joie de cette visite. Pour fêter l'événement, ma Moum avait déployé tout son savoir-faire culinaire et nous, les enfants, sachant qu'elle vivait dans un grand dénuement, nous lui avions tous offert des petits cadeaux. Mais, malgré tous nos efforts, nous n'avions eu droit en retour ni à un remerciement, ni au moindre geste de reconnaissance. Cela en devenait même risible. Un minuscule sourire aurait fait l'affaire. Mais non, rien. La pauvre femme, en plus, ne sentait pas très bon. Et comme elle résistait en ronchonnant à tout ce qu'on lui proposait, elle refusait aussi d'utiliser notre salle de bains. Son attitude à table m'avait également déroutée : elle tenait son assiette près de son visage et faisait beaucoup de bruit en mangeant. Pour nous qui nous réjouissions tant de l'arrivée de cette grand-mère tombée du ciel, c'était plutôt mal parti !

Après l'échec de cette tentative qui n'aura duré que quelques jours, tu n'as pas eu d'autre solution, mon Poup, que de la confier à un hospice où elle s'occupa de travaux ménagers. Tu lui rendis visite quelques rares fois, par pitié ou par devoir et, quant à nous, nous ne l'avons plus jamais revue…

En revanche, la rencontre avec ton frère Louis avait été chaleureuse et touchante. Tu le retrouvas, lui, dans le midi de la France où il était postier. Il avait eu quatre garçons.

J'en étais à peu près au milieu de ce livre quand j'appris que l'un de ses fils avait fait de son côté de méticuleuses recherches sur notre grand-mère. Aussi lui avais-je envoyé ce que j'avais déjà écrit sur les souvenirs qui m'étaient restés de son passage chez nous. Sa réponse, qui pourrait être extraite d'une chronique sociale paysanne de la fin du XIXe siècle, m'apporta un éclairage nouveau :

« *Ma chère cousine,*

Vouloir accueillir sa mère était bien sûr généreux de la part de ton père, mais une mauvaise idée. Il n'était pas possible que cette femme, qui avait vécu toute sa vie comme une esclave sans éducation, sans le plus élémentaire respect, parmi les animaux dont elle partageait la vie, puisse tout à coup vivre avec vous. Rends-toi compte : après dix années de nourrice, Augustine est placée comme domestique en échange d'un hébergement. À treize ans, elle est souvent abusée. À vingt, elle change de famille. Là, non seulement on la fait dormir dans un coin de l'écurie, mais encore, des hommes de l'âge de son père, voire de son grand-père, n'hésitent pas à la violer.

Vois-tu, si elle ne savait pas se tenir à table, c'est parce que jamais elle n'avait pris un repas à table. Si elle faisait du bruit en mangeant, c'est que ses dents se déchaussaient et, qu'après un coup de pied de cheval qui lui avait cassé la mâchoire, elle n'avait jamais été soignée.

Mais vous ne pouviez pas savoir tout cela. Bien sûr, on a du mal à imaginer ces conditions de vie. C'était il y a presque un siècle... »

Que puis-je ajouter à ce poignant récit ? Si ce n'est qu'il m'émeut, bien sûr, et provoque en moi un élan de tendre compassion pour toi, mon Poup. Je sais à présent de quel malheur tu viens. Ça ne pouvait que laisser des traces...

Cinquième partie

Pour Annie Girardot, je dis oui

Ces cinq films tournés à la suite et surtout la perte brutale de mon père m'avaient essorée, laminée, anesthésiée. Je me sentais en pièces détachées. J'avais besoin de temps pour les rassembler. Cette pause m'a permis de prendre du recul et de combler mes lacunes cinématographiques. Mais la découverte de certains grands films, souvent des chefs-d'œuvre, ne fut pas sans conséquences : ils éveillèrent en moi tant d'exigence qu'ensuite aucun scénario ne trouva grâce à mes yeux.

Au bout de huit mois à faire la fine bouche, mon imprésario m'apprit que certains, dans la profession, commençaient déjà à se demander si ma carrière ne battait pas un peu de l'aile. On passe si rapidement de bancable à has been que ma belle résistance commença à se fissurer. Comment ne pas se sentir vulnérable devant l'intransigeance de ce métier qui, sous une apparence artistique, n'est en fait qu'un business comme un autre ? Je finis donc par accepter le scénario, pourtant peu convaincant, de Rémo Forlani : *Juliette et Juliette.*

Ce ne fut pas tant la crainte de voir ma carrière compromise qui m'y poussa, mais l'irrésistible envie de partager l'affiche de cette comédie avec une grande pointure féminine. Et quelle pointure ! Une actrice que j'ai toujours profondément admirée : Annie Girardot.

Je suis arrivée sur ce tournage très enthousiaste à l'idée de la belle complicité qui nous attendait. Mais il n'en a rien été. J'ai trouvé Annie fuyante, détachée, démotivée ! À plusieurs reprises, je lui avais proposé de chercher ensemble comment améliorer certaines répliques, mais je l'avais sentie réticente. Ce n'était pas qu'elle fût désagréable, mais lointaine. Elle me semblait n'exister qu'entre « moteur » et « coupez ». En dehors, elle restait dans son coin, s'occupant l'esprit avec des mots croisés.

C'est plus tard, en apprenant qu'à cette période elle avait traversé des problèmes sentimentaux et de sérieux ennuis d'argent, que j'ai compris son manque d'intérêt pour ce film.

Ce *Juliette et Juliette* n'a recueilli ni les faveurs du public, ni celles des critiques. Ce qui ne m'a pas vraiment surprise.

Je regrette toujours ce rendez-vous manqué avec elle. Je l'aimais tant.

S'il est vrai qu'à mes débuts j'ai eu la chance de participer à de gros succès, j'ai rencontré par la suite des échecs et bien sûr une cote de plus en plus en baisse. Annie n'a pas échappé non plus à l'inconstance de cette profession. Je ne crois pas qu'il y ait eu en France une actrice à la fois aussi talentueuse et admirée qui en ait autant souffert : tantôt crucifiée, tantôt adulée, puis oubliée de nouveau... Qui ne se souvient de ce soir où on lui a remis le césar du meilleur second rôle pour sa prestation de quelques minutes à peine dans *Les Misérables* de Claude Lelouch ? À la face de tous les gens qui l'avaient abandonnée, elle avait exprimé son désespoir avec cette simple phrase : « Je ne sais pas si j'ai beaucoup manqué au cinéma, mais lui m'a beaucoup manqué... »

Toute la salle s'était levée... émue, c'est sûr, désolée, sans doute. Pourtant, l'émotion et la désolation se sont vite envolées. À la suite de cet événement, qui résonnait comme un cri, un appel, elle ne reçut aucune proposition... Rien ! Le désert... Comme si aucun rôle ne convenait à sa personnalité, ni à son âge.

Après notre film, je suis allée l'applaudir au théâtre dans *Madame Marguerite*. J'en suis sortie époustouflée par sa brillante performance et son énergie.

Quelques années plus tard, je l'ai croisée au sortir d'une projection privée et là, en l'embrassant, j'ai eu un choc. Sur le film que nous avions partagé, j'en étais sûre, elle me dépassait d'au moins cinq bons centimètres, et c'était moi maintenant qui paraissais plus grande. Elle me semblait fragile, si fragile, que je n'ai pas osé la serrer dans mes bras aussi fort que j'en aurais eu envie. Elle m'offrit alors un de ces petits sourires qui serrent le cœur et que je n'oublierai jamais. Un petit sourire qui s'était évanoui très vite, comme si elle avait deviné mon désarroi.

La toute dernière fois que je l'ai vue… c'est hélas comme tout le monde, en couverture de *Paris Match* avec cette terrible révélation : « Annie Girardot est atteinte de la maladie d'Alzheimer. »

Pour clore ce chapitre sur une note moins douloureuse, j'ai vécu une anecdote amusante à propos d'Annie.

Un jour, je monte dans un taxi et le chauffeur s'exclame :

— C'est pas vrai, mais je rêve ! Si vous saviez comme je suis heureux de vous emmener, madame Girardot, c'est un des plus beaux jours de ma vie ! Vous êtes mon actrice préférée…

— Mais, monsieur, je ne suis pas Annie Girardot !

— Allez ! Je vous ai tout de suite reconnue !

— Mais pas du tout, je ne suis pas Annie Girardot…

— Oh ? Ça alors ! C'est incroyable ! On ne vous a jamais dit que vous lui ressembliez ?

— Non, non, jamais ! Vous êtes le premier !

— J'hallucine, vous avez la même voix, les mêmes taches de rousseur, la même couleur de cheveux, le même sourire… Allez ! Vous me faites marcher.

— Mais non, je ne suis pas Annie Girardot, je vous assure.

Silence. Au bout d'un moment, il revient à la charge :

— Je suis sûr que c'est vous... Mais je ne comprends pas pourquoi vous ne voulez pas me le dire... Juste vous me le dites et c'est tout... Je vous respecte... Je vous ai tant admirée dans... et dans... et dans... et dans...

Il a vu presque tous mes films. Je suis impressionnée mais, par jeu, je le laisse s'empêtrer dans sa méprise. Je sens bien qu'il est vexé. Il ne m'adresse plus la parole, ni même un regard dans le rétroviseur...

Arrivés à destination, au moment où il prend ma valise dans le coffre, je lui glisse :

— Vous méritez bien un petit autographe, non ?

— Ah, quand même... ! Je ne comprends pas... Pourquoi vous m'avez fait ça ?

Je sors une photo, lui demande son nom (Maurice), et lui écris un petit mot gentil. Il regarde ma signature, et là, j'ai cru qu'il allait pleurer...

— Mais quel crétin je suis ! Mais bien sûr ! J'ai mélangé les noms ! Quand je vais dire ça à ma femme... ! Elle vous adore aussi... Ça alors... ! Mais quand même, vous êtes une drôle de coquine, vous, alors !

Depardieu, une gueule d'ange

Après avoir vu *L'Invitation*, le joli film du metteur en scène suisse Claude Goretta, je lui avais fait savoir que, si un jour il avait un rôle pour moi, j'étais prête à le suivre. Ce qui m'avait séduite chez lui, c'était qu'il sache, un peu comme Pialat, si bien mettre en valeur ces moments où le quotidien banal prend une autre dimension.

Trois mois plus tard, il m'appelle :

— Marlène, j'ai quelque chose... Une histoire que j'ai tirée d'un fait divers. Je vous imagine bien face au jeune acteur que j'ai choisi. Il vient de tourner dans le film de Bertrand Blier : *Les Valseuses*. Il s'appelle Gérard Depardieu. Vous avez vu ce film ?

— Oui ! Et je l'ai beaucoup aimé. Et ce Depardieu... épatant, en effet. Envoyez-moi vite le scénario.

Le sujet de son *Pas si méchant que ça* me plaît : qu'advient-il de l'amour quand se présente une épreuve dévastatrice ? Le personnage qu'il me destine est celui d'une petite postière amoureuse d'un jeune braqueur au visage d'ange. Mais oui ! Gérard Depardieu avait alors un visage d'ange !

Malgré le côté loubard qu'il a toujours aimé cultiver, il faisait preuve d'une réelle gentillesse. Quand je le vois aujourd'hui délirer après avoir bu un petit coup de trop, je me demande s'il fait partie de ceux qui, quand ils boivent, sont juste un peu plus eux-mêmes, ou de ceux pour qui *vivre toujours avec eux-mêmes* est si insupportable que l'alcool est le seul moyen de se quitter un peu. Qu'importe, je l'aime bien quand même, ce sacré Gégé. Ce rôle de voleur altruiste lui allait comme un gant. On dit souvent cela des grands acteurs. On pense qu'il y a eu une rencontre exceptionnelle entre l'être qu'ils sont dans la vie et les personnages qu'ils jouent. Mais quand cette heureuse alchimie se reproduit invariablement à chaque film, comme c'est le cas pour Gérard, comment appeler cela autrement que « le talent » ?

Goretta était clair et précis dans ses indications, et son assurance nous rassurait. Nous le suivions les yeux fermés.

Je me demande si, en règle générale, je n'attendais pas un peu trop de mes metteurs en scène : j'aurais voulu qu'ils me libèrent de mes doutes pas toujours justifiés, qu'ils m'offrent des tremplins, m'encouragent à me surpasser. En vérité, j'espérais secrètement d'eux les qualités d'un accoucheur. Comme Jean Renoir le disait si bien : « Mon métier est d'accoucher l'acteur d'un enfant dont il ne soupçonne pas lui-même la présence dans son ventre. »

Claude Goretta était un peu de ces êtres-là. Lui semblait en plus avoir inventé la tendresse. La tendresse et la force en même temps. On ne pouvait que l'aimer.

Son film a reçu plusieurs distinctions, mais il n'a pas eu cependant la carrière commerciale escomptée et méritée. Pour aider sa petite maison de production à monter ce projet, je l'avais coproduit. Si je n'ai pas perdu d'argent, je n'en ai pas gagné non plus. Être à l'origine d'une expérience de qualité était ce qui m'importait avant tout.

Un blues post-tournage

Sur le film suivant, *Le Secret*, réalisé par Robert Enrico, j'ai retrouvé mon partenaire d'*Alexandre le bienheureux* : Philippe Noiret. Sept années s'étaient écoulées depuis notre discorde, et beaucoup d'eau, en passant sous les ponts, l'avait emportée avec elle. Nous avions tous les deux changé et, cette fois, nous avons partagé une belle relation, douce et tendre. Nous ne manquions jamais une occasion de plaisanter, de rire de trois fois rien. Nous nous amusions des mêmes bêtises.

Mon autre partenaire était Jean-Louis Trintignant. À l'époque où nous jouions *Le Timide au palais* sur scène, mon accident de voiture, survenu un mois après la première, nous empêcha de bien nous connaître. Sur ce film, j'ai découvert un être délicieux. C'est le mot, je n'en vois pas d'autre. Et ce bel acteur au sourire si doux et au charme un rien ténébreux me plaisait vraiment beaucoup. J'ai toujours été bien plus attirée par les hommes un peu secrets et timides que par les beaux parleurs, rouleurs de mécaniques.

Le blues post-tournage existe… Après ce film, je l'ai rencontré… Parfois, il arrive à certains d'entre nous, après un tournage où tout s'est particulièrement bien passé, d'éprouver un énorme vide, une sorte de *petite mort*. Nous vivons des moments de création collective avec une telle exaltation, une telle décharge émotionnelle que, sitôt la caméra et les projecteurs éteints, le brusque retour à la vie normale est très difficile, surtout si à la maison aucun amoureux ne nous attend. Ce qui était mon cas à cette époque… Il y avait eu tant d'affection et de complicité entre nous trois, le metteur en scène et l'équipe, que je me souviens d'être rentrée à Paris presque dévastée. J'errais dans mon appartement, tournais en rond, ne sachant plus que faire de moi. Paumée. Frôlant la dépression.

Et puis, grâce à la préparation du film suivant, la vie reprit doucement son cours.

Lelouch : coup de foudre professionnel

Film : *Le Bon et les Méchants*. Mise en scène : Claude Lelouch. Scénario et dialogues : Claude Lelouch. Au cadre : Claude Lelouch. Production : Claude Lelouch. Il est partout ! Vingt-quatre heures sur vingt-quatre, il ne pense, ne respire et ne vit que pour le cinéma. Cette passion est l'un de ses côtés les plus attachants. Il sait insuffler son enthousiasme à toute son équipe, jusqu'à persuader ses comédiens qu'ils n'ont jamais été meilleurs, qu'ils tournent le plus beau rôle de leur carrière et le plus grand film de tous les temps. Tout cela avec un charme ébouriffant qui subjugue. Jamais vu ça ! Il hypnotise avec son œil-caméra, comme un cyclope. Il guette l'imprévu avec une jouissance de gamin. Son grand plaisir est de faire dire à ses acteurs des répliques auxquelles leurs partenaires ne s'attendent pas et de filmer leurs réactions. Tant qu'il n'a pas dit « coupez », nous devons continuer, improviser quoi qu'il arrive. C'est la règle ! Caméra sur l'épaule, il s'approche de nous, nous caresse de son halo avant de passer à quelqu'un d'autre. C'est un ballet très souple. Il filme tout en dansant. On éprouve une sensation d'intensité mais aussi de traque exquise. On se sent fouillé, interrogé et en même temps protégé. C'est étrange et voluptueux à la fois. C'est du jeu dans le jeu. Il nous offre des moments inoubliables. Tous les acteurs qu'il a dirigés le diront.

Avec Jacques Dutronc, Brigitte Fossey, Jacques Villeret et Bruno Crémer, nous nous étions sentis joyeux, détendus... presque en vacances...

Ce film, tourné en sépia, ce qui lui donnait un cachet un peu nostalgique, demeure pour moi l'un des plus attachants de Lelouch et l'un de mes plus beaux coups de foudre professionnels.

*

Cette nuit, j'ai eu du mal à trouver le sommeil. La pleine lune, peut-être... Hier soir, en effet, elle est venue effleurer la Terre. Elle s'est posée sur la cime des sapins de mon jardin. Je ne l'avais jamais vue aussi proche, aussi éblouissante, ronde, colossale, splendide et inquiétante. Je me suis endormie une heure avant que les pépiements effrontés des oiseaux me réveillent. Ici, au printemps, à la saison des amours, il faut entendre leurs aubades et leurs chamailleries... D'habitude, cela ne me gêne pas, mais ce matin, j'aurais bien échangé leurs chants érotiques contre deux petites heures supplémentaires de sommeil. Je croise mon visage dans un miroir. Le reflet qu'il me tend n'est pas indulgent !

Est-ce vraiment le mien ? Pas sûr… On croirait que je me suis coiffée avec un sécateur. Et ces petits cernes, là, sous les yeux… Oh, et puis le mieux est de me dire que ça me va bien, que ça me donne l'air d'un personnage habité par des pensées profondes, voilà… et au lieu de me lamenter, je ferais mieux de revenir à ce destin exceptionnel qui fut le mien.

Le jour où j'ai posé mes valises

L'année suivante, hors champ des caméras, je fais une rencontre, qui cette fois deviendra une longue histoire.

Début août 1976 : méchant mal de dents. Je cherche un dentiste. Une amie me vante les qualités du sien :

— Il est suédois, il est sorti major de sa promotion de l'École dentaire de Paris, il a déjà une clientèle prestigieuse et en plus, il est beau garçon !

Présenté comme ça, je ne fais pas la fine bouche ! Le Dr Walter Green me soigne donc en urgence. Travail d'expert : rapide, efficace, indolore. Nous n'échangeons que quelques mots. Au deuxième rendez-vous, nous parlons à peine un peu plus et je le trouve en effet sympathique et beau. Au troisième, nous discutons plus longuement et je lui découvre de l'humour. Au quatrième et dernier rendez-vous, en me raccompagnant à la porte, il m'apprend qu'il aime faire la cuisine, qu'il s'y connaît en vins et me chuchote qu'il vient de dénicher un excellent petit bistrot qu'il aimerait bien me faire découvrir si, par un heureux hasard, j'étais libre à dîner.

Tout cela, d'un banal à pleurer, ne mériterait pas d'être raconté, si ce n'est qu'à ce moment-là il ignorait encore tout de moi, absolument tout. Il n'avait vu aucun de mes films, et même mon nom ne lui évoquait rien. *Un Martien fraîchement débarqué.* Un as dans sa spécialité, peut-être, mais alors, côté cinéma, le néant absolu.

Quand nous sommes arrivés au restaurant, il voyait les gens me sourire et se demandait bien pourquoi.

— Vous êtes déjà venue ici ?

— Non, jamais.

— Tout le monde semble vous connaître pourtant.

— Beaucoup de personnes en France me connaissent, en effet ! dis-je le plus modestement possible.

— Ah bon ? Je vous savais comédienne mais… pas aussi célèbre… Finalement, heureusement que je ne l'ai pas su.

— Pourquoi ?

— Je n'aurais jamais osé vous inviter.

Que ce ne soit pas l'actrice connue qui l'ait attiré, mais la jeune femme, n'avait pas été pour me déplaire. Il m'expliqua ensuite que, depuis qu'il était arrivé en France à l'âge de quinze ans, l'apprentissage de notre langue et ses longues études l'avaient éloigné du cinéma, en particulier du cinéma français.

Au retour, en voiture, il m'appelle Marlène et me demande l'autorisation de m'embrasser. Délicatesse inattendue et charmante : je fonds ! Qu'ajouter ? L'envie de nous revoir est arrivée tout naturellement. Et voilà. Dommage qu'il n'y ait pas de musiques de vie, comme il y a des musiques de films... Là, j'aurais bien invité Haendel avec sa « Sarabande » par exemple. Son petit côté solennel aurait parfaitement illustré mon entrée dans cette nouvelle vie. Walter était très loin de ma sensibilité et de mon univers artistique. Et curieusement, au lieu de douter que de telles divergences puissent nous unir, j'ai eu l'audace de leur trouver de l'attrait. Je ne redoutais pas les lianes qu'il nous faudrait jeter au-dessus de l'abîme qui nous séparait...

Je pense aussi qu'à ce moment de ma vie j'avais besoin de poser mes bagages et de m'appuyer sur quelqu'un d'équilibré, de solide. Quant à tenter l'aventure du mariage, promettre à l'autre de l'aimer toute la vie, même si l'on souhaiterait que ce soit pour toujours, cela m'a toujours semblé être une aberration. Walter le comprit parfaitement et n'insista jamais. Qu'à trente-cinq ans je n'aie toujours pas envie d'enfants, cela aussi, il semblait l'avoir admis. Il respectait mon choix. J'étais rassurée.

Affaire à suivre.

Jean-Claude Brialy : un cadeau sur un plateau

Philippe de Broca, reconnu pour ses mises en scène apparemment légères, menées tambour battant, se débrouillait souvent pour intégrer des moments tendres et poétiques, et j'aimais ça. J'ai donc sauté de joie quand il m'a proposé son nouveau film : *Julie pot de colle*, qui se tournerait au Maroc, ce pays que j'adore.

Son titre me dérangeait. Je le trouvais bêta et peu attirant, alors que pour les producteurs, il était charmant et frais. Difficile de se battre dans ces conditions. J'ai capitulé. Cette petite anicroche fut vite balayée par la perspective de donner la réplique à ce cher, ce très cher Jean-Claude Brialy.

Avec ses reparties savoureuses, ses sous-entendus malicieux et toujours le bon mot qui déclenche le fou rire, cet homme était un cadeau.

Au-delà de l'homme spirituel, il y avait en lui un fond de tendresse, de générosité, mais de réserve aussi. Il me donnait parfois l'impression de regarder l'existence comme une comédie légère. Il nous manque beaucoup aujourd'hui. Vraiment beaucoup. En le perdant, nous avons perdu bien plus qu'un ami. Avec lui, c'est un pan entier de l'histoire du cinéma qui a disparu.

De Broca était l'un des réalisateurs les plus décontractés que j'aie connus. Cool et en même temps très impatient, il nous donnait le vertige à toujours vouloir vivre la prochaine minute, le prochain plan, avant même de finir celui que nous étions en train de tourner. Ce diable de petit homme toujours pressé, qui nous faisait cavaler derrière lui sans cesse, avait un sens inné du rythme et de la comédie. Ce tempo effréné me laissait pourtant un peu perplexe. Sans doute mon côté perfectionniste ne pouvait-il s'empêcher de penser qu'un peu moins d'impatience lui aurait permis plus de subtilité.

Mais ce travers n'enlevait rien à mon estime pour lui. Il était par ailleurs si humain, si ouvert.

J'aurais bien aimé lui parler un jour de cette urgence permanente qui l'animait. Mais, hélas, lui aussi s'en est allé. Même pour se rendre là-haut, il était pressé.

Je ne me doutais pas en commençant ce livre que j'irais me promener dans un cimetière... Je n'en peux plus de les voir partir chacun son tour. La plupart de mes metteurs en scène et de mes partenaires ont aujourd'hui tiré leur révérence. Quand, en 2006, j'ai reçu un césar d'honneur pour l'ensemble de ma carrière, j'ai voulu dans mon petit discours leur adresser un hommage posthume, leur exprimer ma reconnaissance pour ce que je leur devais. La liste était longue. Cela fait un bout de temps déjà que je n'ai plus assez de doigts pour compter tous ces chers disparus. Est-ce donc cela aussi, vieillir : ne plus avoir assez de doigts ?

Le môme de Normandie

C'est à peu près à cette époque qu'une amie scripte, celle qui m'a recommandé son dentiste, me téléphone :

— J'ai un tout jeune stagiaire qui est fou de toi. Il t'a envoyé plusieurs lettres et tu as même eu la gentillesse de répondre à l'une d'elles.

— Ah bon ! Comment s'appelle-t-il ?

— Dominique. Dominique Besnehard...

— Attends un peu... Je me souviens d'une lettre d'un môme d'environ quatorze ans, un certain Dominique... Tu crois qu'on parle du même ? Mais il a quel âge, à présent ?

— Vingt ans ! Il est à Paris et a bien l'intention de faire quelque chose dans ce métier. Écoute, je ne veux pas t'ennuyer, mais c'est un garçon assez intéressant, un vrai passionné de cinéma ! Ça fait longtemps qu'il veut te rencontrer. J'ignore comment il a su que je te connaissais, mais depuis, il me harcèle gentiment pour que je t'appelle et plaide en sa faveur. Alors je t'en supplie, quand tu veux, où tu veux, vois-le. Juste un quart d'heure. Fais-le pour moi, j'ai tellement envie de lui faire plaisir, il le mérite.

Et j'ai reçu ce Dominique. Lui, qui était venu passer un quart d'heure chez son actrice préférée... est resté quatre heures. Je me suis instantanément attachée à lui, déjà si attaché à moi. C'était... il y a quarante ans.

Il a commencé par faire du casting, *chasseur de têtes d'acteurs* en somme. Sa curiosité, son imagination et son flair ont fait merveille.

Un jour, je lui confie que mon agent, bien que sympathique et affectueuse, manque d'audace et de dynamisme et finis par lui dire :

— Il lui manque... vos qualités. Vous ne voulez pas devenir mon agent ?

Sur le coup, je plaisantais, mais pourtant, quelques années plus tard, cela s'est fait. Il entra chez Artmedia, une des plus grandes agences d'acteurs de Paris et, dès son arrivée, j'ai voulu qu'il s'occupe de moi. Il possède trois vertus exceptionnelles : la disponibilité, la bienveillance et la passion. Il nous défendait avec autant de fougue, d'enthousiasme et de générosité que si nous avions fait partie de sa famille.

Aujourd'hui, mon *petit* Dominique est producteur. Nous ne nous téléphonons plus plusieurs fois par jour comme autrefois, mais toutes ces années d'amitié nous ont très solidement liés.

Il était une fois Sergio Leone

Notre toute première rencontre eut lieu au Festival de Cannes, le jour de la présentation de *Nous ne vieillirons pas ensemble*. Pialat et Yanne étant absents, Sergio Leone, que je connaissais à peine, s'était proposé de m'accompagner pour la montée de ces *fameuses marches.* Drôle de couple que cet ours imposant et cette frêle crevette rousse ! La gentillesse, le calme et l'humour de Sergio m'avaient beaucoup aidée à trouver un peu d'assurance et de recul par rapport à l'importance de l'événement. Nous avions très envie de travailler ensemble, et il semblait sincèrement désolé de ne pas avoir de rôle pour moi dans ses projets. Très peu de temps après, il m'offrit d'interpréter la femme de Nino Manfredi, dans *Il Giocattolo* de Giuliano Montaldo, qu'il produisait en Italie.

Dans ce livre, je n'ai parlé que des films qui m'ont laissé des traces. Celui-ci, par exemple, ne m'en a laissé aucune. En revanche, j'ai vécu hors tournage un moment assez exceptionnel...

À la fin d'une des premières journées, Sergio, qui passait sur le plateau, me demande :

— Tou connais Rrroma, Marrrlène, *no* ?

— Non, pas encore...

Ses petits yeux malicieux de myope se plissent alors derrière ses lunettes :

— Et si tou avais lé plous rrromain des RRRomains, pas lé plous rraisonnable des hommes, ni lé plous beau non plous, mais lé plous grrrand inamorato dé sa ville qué té prropose dé la découvrrir... là tout dé souite... Tou dis quoi ?

— Toi, Sergio ? C'est vrai ? J'arrive !

Dans ma caravane, il ne me faut pas plus de trois minutes pour me changer. Je l'entends demander à un assistant de lui prêter sa voiture… En sortant, je découvre une scène digne d'un film de Jacques Tati : son impressionnante carrure d'Hercule comprimée dans une minuscule bagnole rouge façon Fisher-Price. Comment a-t-il réussi à s'y caser ? Mon envie de rire ne lui échappe pas :

— C'est ça, moqué-toi dé moi ! Moqué-toi…

Je me glisse comme je peux dans le dixième de place qu'il me reste… Et nous voilà partis sur les chapeaux de roue, devant toute l'équipe hilare.

— *Andiamo ! Viva Roma !*

Dans cette ville, *sa* ville qu'il adore et connaît comme sa poche, il se met à emprunter des ruelles pittoresques où nul autre que lui n'oserait s'engouffrer. Et que je te zigzague, et que je te slalome, et que je te klaxonne comme un *bambino*. Quel guide enthousiaste et volubile ! Nous sommes en avril, il fait beau, la lumière est magnifique. Les façades, gorgées de soleil, camaïeu de beige rosé, d'orangé et de brique, virent à l'ocre rouge à l'approche du soir. Un régal, cette virée romaine !

— Si tou aimes les glaces, Marrrlène, zé vé té fairrre goûter les mèliores dé Roma et dé toute l'Italie !

Et nous voilà installés à la terrasse d'un glacier, Piazza Navona. Il m'invite à lui parler de mes projets et, à mon tour, je l'interroge sur le scénario qu'il est en train d'écrire.

— Oh, je ne veux pas t'embêter, Sergio, dis-moi juste en une phrase de quoi ça parle.

Seulement, ce n'est pas en une phrase, ni en dix, mais c'est scène après scène qu'il va raconter ce soir-là, et rien que pour moi, cet immense projet qui allait devenir l'un de ses chefs-d'œuvre : *Il était une fois en Amérique.*

Son récit, commencé autour de 17 heures, se termina vers 20 heures. Or, au début du printemps, le soleil à peine couché, la température chute d'une bonne dizaine de degrés. Mon attention, captivée les deux premières heures, avait fini par s'émousser au fil du temps et du froid. Frigorifiée dans ma robe d'été, j'étais à la fois consciente du privilège exceptionnel qu'il m'offrait, et confuse de ne pas être fichue de l'apprécier davantage. Au lieu d'essayer de le suivre, mon esprit s'était focalisé sur l'énorme rhume qui allait, j'en étais sûre, m'empêcher de tourner le lendemain.

La crevette rousse, qui ne pigeait plus grand-chose à ses nombreux flash-back, guettait la moindre petite respiration dans le débit passionné de son ours, où elle aurait pu glisser un tout petit : « Sergio, j'ai froid. » Mais impossible ! L'ours, emballé par son récit, ne s'interrompait jamais. La crevette, congelée mais consciente de vivre un moment hors du commun, l'écouta alors jusqu'à la fin.

M'impressionnait-il à ce point pour être incapable de l'interrompre ?

Cette anecdote me fait penser à un mot d'enfant de ma fille Eva. Elle devait avoir six ans. Je cherchais avec ma secrétaire comment résoudre un problème urgent. Eva, qui avait besoin de me parler, essayait sans cesse de nous couper la parole. Agacée par son insistance, je finis par lui dire :

— Écoute, tu vois bien que je suis très occupée, là ! Attends au moins que nous ayons terminé une phrase pour poser ta question !

Et elle me sortit alors cette remarque si pertinente :

— C'est que... quand vous parlez, je sais jamais quand il y a des points !

Cette toute petite fille, qui avait bien compris à l'école à quoi servait la ponctuation, je l'avais prise dans mes bras et dévorée de baisers.

— Pardon, OK, mon petit amour, vas-y, je t'écoute.

Sur son visage avait fleuri un sourire délicieux où la petite souris était déjà passée plusieurs fois. Puis elle ouvrit sa petite main pour me montrer une dent de lait :

— Tiens... elle vient de tomber, c'est pour toi... Tu pourras la mettre sous ton oreiller.

Après ce tendre aparté, je reviens à toi, mon Sergio. Je t'aimais beaucoup, tu sais... Si j'avais eu un frère aîné, j'aurais voulu qu'il te ressemble : un ogre chaleureux qui se régalait de tous les plaisirs de la vie. Tes amis, tu les serrais très fort sur ton ventre rond... à les étouffer.

Je l'adore, ton Italie : j'ai eu souvent envie de la parcourir de haut en bas, de me diriger lentement vers le sud. Elle est si longue, si longue cette Italie, au milieu de la mer, et si belle, si belle que c'est dommage finalement qu'elle s'arrête, qu'elle n'aille pas encore plus loin. Cette attirance n'est pas près de s'éteindre, surtout depuis que ma fille Joy et son époux Niccolo se sont installés en Toscane. Me résoudre à suivre leur vie de loin m'est cependant pénible. Les mails, les SMS et même Skype ne suffisent pas à réduire la distance qui me sépare d'eux et de mes petits-fils. Devenir grand-mère, contrairement à ce que l'on dit, m'a donné un sacré coup de jeune : me voilà prête à prendre l'avion, alors que j'en ai la phobie, pour aller faire le poirier ou un numéro de claquettes, rien que pour entendre leurs si jolis éclats de rire.

Quand le manque déborde un peu trop, je me passe en boucle des vidéos que Joy m'envoie. Je m'en régale, mais ces images ne m'apaisent qu'un moment, un moment seulement. C'est leur vie, c'est normal, c'est dans l'ordre des choses. J'ai beau me dire tout cela, me le répéter, mais...

La Guerre des polices

Je ne voulais pas tourner dans ce film de Robin Davis, même avec ces deux superbes acteurs que sont Claude Brasseur et Claude Rich. Je trouvais qu'au milieu de cet univers masculin mon rôle de femme flic s'apparentait plus à un accessoire décoratif qu'à un vrai personnage. La seule chose qui aurait pu m'amuser un peu était de m'adonner au plaisir enfantin de manier un Colt Cobra comme une pro. Un peu léger, tout de même, pour accepter un film. J'aime bien m'amuser, mais pas à ce point !

Mon imprésario pourtant insistait :

— Tes trois derniers films ont été des échecs commerciaux ; aucune proposition intéressante ne se présente ; partager l'affiche avec ces deux grands acteurs n'est pas négligeable ; même si le rôle est loin de te donner la possibilité de briller, le scénario est bien ficelé et a toutes les chances de plaire au public.

En conclusion, sous cette avalanche d'arguments sensés, je finis par donner mon accord, même si j'avais un petit peu l'impression de me raccrocher au dernier wagon du train qui passe.

À sa sortie, le film reçut un bel accueil ; les critiques furent unanimes tant sur la qualité de la mise en scène que sur celle des deux interprètes masculins. Mais certains se sont tout de même demandé ce que j'étais venue faire dans cette aventure.

Il devenait clair que les bons scénarios, avec d'intéressants rôles féminins, me passaient de moins en moins fréquemment entre les mains. Adulée un jour, oubliée le lendemain, telle est la loi de ce beau métier.

Eva Green's mother n'en revient pas

Dans l'esprit de beaucoup, porter un nom connu est un avantage. En réalité, pour celui qui en hérite, ce qui peut passer pour une chance se révèle souvent un handicap. Toujours à la merci des comparaisons, il n'aura de cesse qu'il ne conquière sa légitimité propre et, pour certains, jusqu'à l'obsession.

Ma fille Eva n'a jamais été qualifiée de « fille de », ou pas longtemps. D'abord elle ne portait pas le même nom que le mien, et elle était encore enfant quand j'ai quitté ce métier. Et puis le hasard l'a vite propulsée aux États-Unis, où personne ne me connaît. Aujourd'hui, quand je suis avec elle à l'étranger, on m'appelle *Eva Green's mother* et ça ne me dérange pas du tout. Je dirais même que... ça me plaît beaucoup.

Au tout début, j'avoue ne pas avoir accueilli avec enthousiasme sa décision de devenir actrice. Trop de jeunes imaginent cette profession comme une aventure perpétuellement passionnante. Ils ne veulent pas croire qu'elle puisse être parfois décevante, dévorante et même traumatisante ! Si, malgré tout, ce métier est l'un des plus beaux, il est aussi l'un des plus exigeants. Il faut réunir beaucoup d'aptitudes, et souvent contradictoires : faire preuve de sensibilité sans être vulnérable, de ténacité tout en restant souple ; s'engager pleinement tout en ménageant sa force physique...

Pour ma part, il m'est souvent arrivé de penser que je n'étais pas taillée pour cette existence. Je me demandais combien de temps encore je pourrais en supporter les tempêtes. J'ai dû bénéficier d'une résistance que je ne soupçonnais pas car, bien que mon émotivité me dévorât parfois, je n'ai jamais mis ma santé en péril comme certains, pour qui la réussite vaut plus que leur vie. Je pense aux plus fragiles bien sûr... À ceux qui, pour ne pas succomber au stress ou gommer leurs inhibitions ou la fatigue, doivent avoir recours aux médicaments, à l'alcool, voire à la drogue.

On ne peut réellement comprendre la complexité de ce métier sans l'avoir approché de très près. Je vois bien les gens m'écouter avec scepticisme quand j'en dénonce les aléas. Surtout quand en plus on offre l'image de la réussite. C'est toujours mal perçu ; on donne vite l'impression de *cracher dans la soupe.*

Malgré toutes les réserves que j'évoquais pourtant fréquemment en famille, Eva, elle, si timide, sensible et pudique, a voulu tout de même s'engager dans cette voie. On croit connaître ses enfants juste parce qu'on les aime, mais on ne sait pas toujours ce qu'ils sont au fond d'eux-mêmes. Les années ont passé et Eva a révélé des qualités que je ne lui aurais pas prêtées : une présence d'une densité impressionnante, un talent indéniable, et enfin, beaucoup de résistance physique et mentale. *Eva Green's mother* n'en revient pas.

Sixième partie

Le tournant

Le désir de maternité venait parfois me visiter, sans s'attarder. Mais en cette année 1979, j'allais avoir trente-neuf ans, n'était-ce pas le moment ou jamais ? Ne risquais-je pas un jour de m'en vouloir si je ne me décidais pas pendant qu'il en était encore temps ? Walter, de son côté, ne me réclamait-il pas de plus en plus souvent un enfant ? Je ne persiste pas longtemps finalement dans mes hésitations, je plonge... Et moi, quand je plonge... Non seulement j'ai la chance d'être très rapidement enceinte, mais à la première échographie : surprise, surprise ! J'attends des jumeaux.

Cette grossesse gémellaire se déroule sans problème ; je me regarde vivre... et grossir. Je lis, me nourris d'ouvrages de psychologie pour enfants, potasse le rôle de ma vie aussi méticuleusement que si je me préparais à un tournage.

Le dimanche 6 juillet 1980, à 6 heures, trois jours avant la date prévue pour la césarienne, je sens que... *c'est le moment*. Je tente de réveiller Walter, qui se retourne en grommelant :

— Mais non, c'est pour mercredi... Essaie de te rendormir, repose-toi...

— Mais, Walter, je sais ce que je dis, réveille-toi, ça y est !

Là, tel un personnage de Tex Avery, il se jette dans un pantalon, attrape ses clés de voiture, happe ma petite valise et, dix secondes plus tard, me tient la porte de l'ascenseur. Il aurait pu faire un excellent pompier, ce futur papa !

Une explosion de sensations indescriptibles et jubilatoires ! Voilà comment je décrirais la découverte de mes deux bébés. Je ne soupçonnais pas que ce puisse être si fort. Je regrettais de n'avoir qu'une paire d'yeux pour les contempler, et surtout, qu'une paire de bras. Je m'enivrais de petits riens, de la douceur incomparable de leur peau, de la finesse de leurs doigts. Banal tout cela, je sais, mais si bon... si bon !

Vers 21 heures, chahut dans le couloir de l'hôpital. Une voix domine toutes les autres. Elle m'est si familière, cette voix avec ce petit cheveu sur la langue :

— Mais laissez-moi passer, puisque j'vous dis que je suis son frère d'adoption ! Mais non, je ne vais pas faire de photos. Fouillez-moi, je n'ai pas d'appareil. Je ne reste que cinq minutes, promis.

C'était mon cher Dominique Besnehard. Lui, toujours parmi les premiers, qui s'était débrouillé pour venir m'embrasser... *nous* embrasser.

*

Trois mois plus tard, je reçus le scénario d'une réalisatrice, Yannick Bellon : *L'Amour nu*. Le rôle qu'elle me proposait était celui d'une femme courageuse, pudique et d'une grande élégance morale, qui mène un combat quotidien contre son ennemi intime : le cancer du sein. Je pensais que même si le public risquait de tiquer un peu devant ce sujet alors tabou, il serait néanmoins intéressé par ce qu'il démontrait : le véritable amour peut résister à l'altération physique de l'autre.

Pour incarner l'homme de ma vie, Yannick Bellon avait choisi Jean-Michel Folon. Ce n'était pas sa meilleure idée. Folon était un grand dessinateur, peintre et sculpteur, mais pas « un acteur ».

Pardon, Jean-Michel, toi que nous aimions tous vraiment beaucoup, tu nous l'avais quand même un peu fichu en l'air, ce film !

Si la presse n'avait pas manqué d'épingler cette erreur de casting, Yannick, elle, n'avait jamais voulu la reconnaître. On peut lui pardonner... L'homme de son scénario dégageait la même humanité et la même candeur que Folon dans la vie.

C'était la première fois que j'étais dirigée par une femme. Je sentais qu'elle m'appréciait beaucoup, et la réciproque était sincère. Pour un acteur, se sentir estimé par son metteur en scène décuple ses possibilités, favorise son abandon, stimule son enthousiasme. Ce film fut donc une belle expérience professionnelle et humaine. Mais si ma performance dans ce rôle me valut de bonnes critiques, le sujet, comme je le pressentais, n'attira pas le public.

Après ce quatrième échec commercial, je ne suis pas débordée de propositions intéressantes. Ah ! Ce fameux box-office ! Cet impitoyable baromètre, qui a pour seul critère l'argent que nous rapportons, fait à lui seul la pluie et le beau temps !

L'une des nombreuses chances de ma vie fut aussi de ne pas avoir eu trop de mal, après la gloire d'actrice populaire que j'avais connue, à me faire à ce nouveau statut de star moins désirée… et cela, bien sûr, je le devais au fait qu'à ce moment-là, dans ma vie privée, j'avais d'autres priorités…

Petite traversée du désert

Si les acteurs sans projet sont en général angoissés, moi, cette petite traversée du désert ne m'atteint pas plus que cela… Mes bébés grandissent devant mes yeux éblouis… Je les élève du mieux que je peux. Je savoure chacun de leurs progrès. Le temps passe très vite. Je m'étonne de constater que les plateaux de cinéma ne me manquent pas tant que ça finalement. Très sereinement, je pensais même à l'éventualité d'un renoncement quand, un jour, Dominique m'appela :

— Nathalie Baye est enceinte, elle devait tourner dans *Les Cavaliers de l'orage*, j'ai parlé de toi et tout le monde trouve que tu serais parfaite pour la remplacer... Qu'en penses-tu ?

— Fais-moi vite porter le scénario.

Sitôt reçu, sitôt lu. Il s'agit d'une épopée romantique dans la tourmente de la Première Guerre mondiale. Je rencontre Gérard Vergez, le réalisateur. Il me parle longuement du rôle : une femme psychiatre au tempérament volontaire, dotée d'une autorité discrète et d'une sérénité épanouie. Je suis séduite par ce personnage autant que par la sensibilité avec laquelle Gérard Vergez me la présente. Le courant passe bien entre nous et j'accepte le projet.

Nous voilà en Yougoslavie pour le tournage. À cette époque, les Serbes et les Croates ne se haïssaient pas encore et rien ne laissait présager que, quelques années plus tard, ce pays serait à feu et à sang.

Mes tout premiers souvenirs ne sont pas liés au film, mais à ma famille. Nous étions en plein été. J'avais loué une grande maison au bord de la mer et j'y avais fait venir mes sept nanas : ma Moum, mes filles, leur nounou, mes sœurs Christiane et Michèle, et ma nièce, Elsa. Rares furent les circonstances qui me permirent en tournage d'avoir presque tout mon clan auprès de moi. C'était un événement. Je pense à un certain soir où il m'a été vraiment doux de les retrouver.

Ce jour-là, dans le désert où nous tournions une scène de guerre, les conditions de travail avaient été assez difficiles : cinquante degrés au soleil ; hommes et chevaux liquéfiés ; tympans saturés par les mégaphones des assistants aboyant en yougoslave les déplacements des centaines de figurants ; nuages de poussière avalés à chaque passage des chevaux et, la journée terminée… des kilomètres et des kilomètres de pistes tape-cul pour rentrer.

Quel bonheur ce fut alors de me baigner au coucher du soleil avec mes sept nanas, dans cette mer de rêve ! Sa délicieuse température était tellement bienvenue, après une journée caniculaire, que même ma Moum était entrée dans l'eau… ce qui était un exploit. J'entends encore nos cascades de rires sur la petite plage déserte à cette heure tardive…

Rien qu'en évoquant cet instant une bouffée de bien-être m'envahit.

Je ne peux parler de ce film sans rappeler les prouesses de lutte à mains nues qui avaient demandé à mes deux principaux partenaires, Gérard Klein et Wadeck Stanczak, des mois d'entraînement. Ils étaient remarquablement crédibles dans leurs rôles de centaures.

Je me suis très bien entendue avec Wadeck, ce jeune homme timide, sincère, instinctif et très attachant.

J'ai eu aussi une jolie relation amicale avec un magnifique acteur italien au regard bleu acier, à la présence à la fois intense et douce : Vittorio

Mezzogiorno. Déjà, avec un nom pareil… il ne pouvait qu'attirer mon attention. Il est vrai qu'en français « Victor Midi » n'aurait pas tout à fait eu le même attrait.

Mais avec Gérard Klein, j'ai pourtant fait des efforts, le courant entre nous ne passait pas… ou pas très bien. Nous n'étions pas souvent sur la même longueur d'onde.

Gérard Vergez a su donner toute la force et le lyrisme qui convenaient à cette épopée sentimentale et guerrière. Ce metteur en scène a été l'un de ceux qui m'ont le plus impressionnée pour leur sensibilité. Une fois, pour me faire comprendre ce qu'il souhaitait que j'exprime dans une scène, il ne s'était pas expliqué avec des mots ; il m'avait seulement fait écouter la musique déjà prévue par le compositeur pour ce moment-là. Et c'est vrai que cette mélodie m'avait tout de suite mise sur la bonne voie. Ah ! La musique et ses pouvoirs !… Elle était si belle, celle de Michel Portal dans ce film, qu'elle s'est vue récompensée par un césar…

Le tournage des *Cavaliers de l'orage* a donc été pour moi très agréable. Et quand il m'arrive d'y penser, je me dis que Nathalie Baye et Johnny Hallyday, en concevant leur petite Laura cette année-là, m'ont offert une bien belle tranche de vie.

*

Si ce film enchanta un très grand nombre de spectateurs, je ne peux pas en dire autant de la comédie, pourtant charmante, que j'ai tournée ensuite : *Les cigognes n'en font qu'à leur tête*, de Didier Kaminka. Je me demande parfois à quoi tient la bouderie du public. Ça ne s'explique pas toujours...

Après cet échec, on ne me proposa plus grand-chose... ou rien de bien intéressant. Cette fois, de toute évidence, la chance me quittait. Si je pris cet abandon avec peu de véritables regrets ou d'amertume, c'est sans doute que ce « désamour » avait été doucement, insidieusement, remplacé par deux autres centres d'intérêt : mes filles, bien sûr, mais aussi l'écriture de contes.

La seconde carrière

On me demande souvent comment est née cette carrière de conteuse. Exactement comme celle d'actrice... sans qu'au départ je l'aie vraiment décidé.

Les ouvrages sur l'éducation que je lisais mettaient tous en évidence l'importance du conte, tant pour l'apprentissage de la morale que pour le développement de l'imaginaire. Aussi en ai-je beaucoup lu à mes filles. J'ai aimé baigner dans cet univers enchanteur où tout est possible. Et très vite, tout naturellement, j'en ai imaginé moi-même. Je garde des souvenirs délicieux de leurs petits corps chauds blottis contre moi. Je les sentais frémir ou rire, de plus en plus avides des histoires que j'imaginais pour elles, me suppliant, quand elles en pressentaient la fin, de les prolonger encore un peu. Je me disais que de telles occasions, qui donnent autant la sensation de se sentir vivant, ne sont pas si fréquentes.

Un soir, après m'avoir écoutée, une amie m'a suggéré d'écrire mes histoires pour en garder une trace. Pendant les vacances suivantes, je l'ai fait. Le plaisir que j'en ai éprouvé m'a vraiment beaucoup surprise. Un éditeur, contacté par cette même amie, a eu envie de les publier, et surtout que je les enregistre. L'idée d'en faire profiter d'autres enfants m'a tout de suite emballée. L'intérêt et l'enthousiasme que les quatre premiers ont rencontré m'incitèrent à en imaginer d'autres. Voilà.

En même temps que je me passionnais pour l'écriture, je tournais encore pour la télévision. Malgré la qualité des réalisateurs de films et séries qui me furent proposés pour le petit écran, la *flamme* pour ce métier s'était progressivement affaiblie, puis éteinte. J'étais plus préoccupée par ce qui se passait chez moi, sans moi, que par ce qui se déroulait sur les plateaux. Entre deux prises, je me jetais sur le téléphone pour vérifier que tout allait bien à la maison. Le soir, je ne quittais pas les tournages, je m'en sauvais. Je ne visionnais plus les rushes ; mes rendez-vous avec mes filles et l'histoire promise le matin avant de les quitter étaient devenus une priorité absolue.

C'est l'un de ces matins, justement, qui fera prendre à ma vie un tournant décisif.

Le matin où l'actrice capitule

Il est encore très tôt. Je pars tourner. Mes jumelles en pyjama m'accompagnent jusqu'à l'ascenseur. Joy, alors, me saisit la main :

— Ne pars pas, Maman... Reste ! S'il te plaît.

— Je ne peux pas, mon petit amour, on m'attend !

Eva, les sourcils froncés, me rétorque :

— Mais nous aussi on t'attend... toute la journée on t'attend !

Je me justifie comme je peux :

— Mais je dois aller travailler. Toutes les grandes personnes travaillent : Papa, les voisins, tous. Tous les matins, nous partons travailler... Il faut bien gagner de l'argent pour acheter tout ce dont on a besoin, la nourriture par exemple...

— Alors tu peux rester, Maman, on n'a pas faim ! Hein, Joy, qu'on n'a pas faim ! réplique Eva en m'enlaçant les jambes de toute la force de ses petits bras.

Et voilà que sa sœur vient en renfort pour l'aider à me garder prisonnière. Mais quelle scène déchirante me jouaient-elles tout à coup, mes deux amours ? Je ne partais pas à la guerre ! Un caprice ou du sérieux ? J'ai déposé mon sac et, plutôt que d'essayer de les raisonner, j'ai serré contre moi un long moment ces deux petits bouts de femmes qui me disaient *Je t'aime* à leur façon et combien je leur manquais.

Une fois dans l'ascenseur, je réalise à quel point il m'est de plus en plus pénible de me sentir coupable chaque fois que je m'en vais, et que les quitter pour un métier qui ne me fait plus vibrer depuis un certain temps n'a aucun sens...

Donc, ce matin-là, en descendant mes cinq étages, je décide de ne plus me consacrer qu'à l'écriture des contes et ainsi, de ne pas passer à côté de la petite enfance de mes filles.

Arrivée au rez-de-chaussée, comme soulagée d'un poids que je ne me sentais plus la force de porter, je suis remontée aussitôt leur annoncer que le film dans lequel je tournais serait le dernier. Et j'ai tenu parole...

Bilan

En démêlant cet écheveau de rêves, de désirs, de bonheurs et d'épreuves où se mêlent ma vie professionnelle et celle de mes proches, je pense au destin et me dis qu'il se joue souvent de nous... sans nous ; que nous sommes la plupart du temps le jouet du hasard. Mes origines étaient si éloignées des milieux artistiques que jamais, dans les plus brillants délires de mon imagination, je n'aurais osé espérer devenir célèbre. C'était tellement inimaginable.

Certes, je ne manquais pas d'« atouts » : grande balafre en plein visage, myopie sévère, timidité parfois paralysante... Est-ce aussi pour compenser mon sentiment d'infériorité que j'ai travaillé avec plus d'opiniâtreté ? Les blessures de mon enfance, en sapant mon assurance, ne m'ont-elles pas rendue plus combative ? Allez savoir ! Peut-être un psy – sans pour autant me passer la cervelle à la moulinette – pourrait-il faire le tri dans tout cela et m'aider à me sentir plus à l'aise avec moi-même et avec les autres. Sans doute même, à m'exprimer plus facilement...

Lorsque j'écris, je peux m'accorder le temps nécessaire pour apprivoiser les mots. Et j'y arrive ! À force de les taquiner, je parviens, comme un pêcheur promène son filet dans l'eau, à trouver de jolis trésors. Mais c'est quand je parle en public que ça se corse. Ces traîtres mots m'échappent, prennent un malin plaisir à traîner, à louvoyer, plutôt que de suivre docilement le cheminement de ma pensée. C'est une véritable souffrance intérieure. L'embarras gèle mes paroles, dénature tout ce que j'essaie de dire. Et quand on exerce un métier public, cela devient une humiliante calamité.

En interview, ma capacité à m'exprimer dépend toujours du journaliste que j'ai en face de moi. Si je le sens bienveillant, il m'arrive d'avoir l'esprit presque lucide : je *charabiate* un peu moins.

Dans ma carrière actuelle de conteuse, j'ai souvent le sentiment de n'être prise au sérieux que par les journalistes parents de jeunes enfants. Eux seuls ont vraiment écouté mes ouvrages. Les autres déconsidèrent souvent la littérature pour la jeunesse comme si elle excluait tout enjeu artistique ou intellectuel... comme si elle était un genre mineur, au point qu'avant de me rencontrer, ils ne se donnent même pas la peine de prendre connaissance de mon travail. C'est difficile à imaginer, mais c'est hélas vrai. Aussi, quand j'ai le malheur de tomber sur l'un de ces *dilettantes*, je me verrouille comme une huître. Je bous... *in petto*...

La plus délectable des reconnaissances

Cinq écoles maternelles en France portent aujourd'hui mon nom. Je savoure intensément cette reconnaissance, l'une de celles qui m'ont été les plus agréables de vivre. La petite fille jamais guérie de ses chagrins d'école qui habite encore au fond de moi n'en revient toujours pas.

Je pense à mes parents... Qu'ils auraient été fiers le jour de l'inauguration de ces écoles ! Je les imagine, silencieux et intimidés dans leurs plus beaux habits du dimanche. À l'instant où j'aurais dévoilé la plaque gravée à mon nom, j'aurais vu les joues de ma Moum s'enflammer, tandis que mon Poup, selon son habitude, aurait senti sur sa nuque l'émotion qu'il se serait empressé de caresser.

Et moi, quelle tête ferais-je si un jour j'entendais dans la rue un enfant demander à un autre :

— Tu vas où à l'école, toi ?

Et que la réponse soit :

— Moi, je vais à Marlène-Jobert...

Il fait beau comme jamais

Je souris tout à coup à ce doux souvenir... Un jour, j'avais dit à ma fille Joy, encore toute petite :

— Quand tu seras une dame, moi, je serai très vieille !

De la colère plein les sourcils, elle s'était alors écriée :

— Ah non, alors là, non... ! J'veux pas. Jamais ! Je te défends de devenir vieille !

J'ai fait ce que j'ai pu, ma Joy : j'ai essayé de freiner des quatre fers pour ralentir la marche du temps. Mais ça y est, nous y sommes : tu es devenue aujourd'hui une bien jolie maman, et moi, j'espère, une sympathique grand-maman.

Prendre de l'âge, on n'a pas trop le choix, paraît-il ! Il nous vient, même si on ne l'invite pas et, comme tout le monde, je supporte mal l'idée du déclin.

Les bons jours, c'est vrai, il m'arrive de l'oublier. Le reflet que me renvoie mon miroir me satisfait. Je me trouve *encore* pas mal, tout en percevant parfaitement la mélancolie de cet « *encore* ». Mais les mauvais jours... l'image que j'ai de moi n'est pas celle que je vois. Ce miroir me ment. Cette femme, même si elle m'est familière, ne peut être moi ! Selon les jours, je rajeunis ou je vieillis. J'ai la sensation de ne plus avoir d'âge précis ; je flotte dans un temps mal défini. Dans ma tête, je suis restée l'enfant que j'étais, inchangée dans mes questionnements, mes peurs, mes rêves, mon besoin de légèreté et de m'amuser. Mon cerveau me raconte qu'il ne vieillit pas, lui ! On dit qu'il ne représente que 2 % de notre poids corporel et consomme 40 % de notre énergie. Le mien carbure, je vous jure !

Je ne surprends plus, c'est vrai, la petite lueur qui brillait dans le regard des hommes quand ils me regardaient, mais il paraît que j'ai conservé le même sourire, le même timbre de voix, la même malice dans les yeux. De beaux restes, en somme.

Il est tout de même difficile d'admettre que la vie qui nous a été offerte nous soit reprise ! Moi, quand j'offre, je ne reprends pas. Donner, c'est donner ; reprendre, c'est voler.

Aujourd'hui, à l'automne de ma vie, si vous saviez comme dans mon corps et dans mon cœur « *il fait beau à n'y pas croire, il fait beau comme jamais* ». Ce magnifique poème d'Aragon[1] me vient en mémoire... Je vous l'offre pour accompagner la fin de ce long chemin que je viens de parcourir avec vous.

Maintenant que la jeunesse
chante à d'autres le printemps [...]
Maintenant que la jeunesse
a fui, voleur généreux
me laissant mon droit d'aînesse

1. Louis Aragon, *Œuvres poétiques complètes*, Gallimard, « Bibliothèque de la Pléiade », 2007.

et l'argent de mes cheveux
Il fait beau à n'y pas croire
Il fait beau comme jamais

Quel temps quel temps sans mémoire
on ne sait plus comment voir
ni se lever ni s'asseoir
Il fait beau comme jamais

C'est un temps contre nature
comme le ciel des peintures
comme l'oubli des tortures
Il fait beau comme jamais [...]

Un temps à rire et à courir
un temps à ne pas mourir
un temps à craindre le pire
Il fait beau comme jamais

Mes remerciements...

... vont à Françoise Acat, Henri Romain Hours et à mon frère Guy. En venant chacun leur tour m'encourager dans cette longue tâche solitaire, ils furent à leur manière des petits rayons de soleil...

Je n'oublierai pas mon ami Gilles Durieux qui a mis si généreusement de l'ordre dans ma mémoire.

Table

Première partie

Deuxième partie

TROISIÈME PARTIE

QUATRIÈME PARTIE

CINQUIÈME PARTIE

SIXIÈME PARTIE

CONTES ÉCRITS ET INTERPRÉTÉS SUR CD PAR LE MÊME AUTEUR

Collection pour faire aimer la musique classique

Le mystère de l'homme gorille (Mozart)
Maman a engagé une sorcière (Chopin)
Claire Delune, une maîtresse extraordinaire (Beethoven)
Une nuit bizarre, bizarre (Bach)
L'arbre qui pleure (Mozart)
En route pour les étoiles (Vivaldi)
Le petit garçon qui mordait les chiens (Tchaïkovski)
Panique chez les sorcières (Bach)
Pierre et la pluie magique (Ravel)
Le vieil homme qui faisait danser les saisons (Vivaldi)
Les rendez-vous d'Arthur (Beethoven)
Le secret du petit Igor (plusieurs compositeurs russes)

Collection pour découvrir les cultures, coutumes et musiques des pays lointains

L'ÉGYPTE : Cléopâtre et le scarabée magique
Toutankhamon et la larme d'or
L'AFRIQUE : Kouamé et les mille mains invisibles
LE PÉROU : Palomita et le secret des Indiens de Chacohuma
L'INDE : Shankar et les démons de l'eau

L'IRLANDE : Paddy-Joe et le monstre marin
LA CHINE : Lou-Kiang et le mystère du lac aux bambous

Contes à part

Les bisous du Croc'Odile
Et si un soir... il pleuvait des gâteaux
La sorcière du parc Monceau

CRÉDITS PHOTOGRAPHIQUES DU CAHIER HORS-TEXTE

pp. 1 © Collection particulière/droits réservés, 2 © Collection particulière/droits réservés, 3 © Collection particulière/droits réservés, 4 © Courtesy/ JP Laffont, 5 © Collection particulière/droits réservés, 6 haut © Georges Pierre, 6 bas © Collection particulière/droits réservés, 7 © Claude Schwartz, 8 haut © Antoine Santucci, 8 bas © Collection particulière/droits réservés, 9 haut © Christian Simonpietri/ Sygma/Corbis, 9 bas © Collection particulière/droits réservés, 10 haut © Collection particulière/droits réservés, 10 bas © Fabian Cevallos/Sygma/Corbis, 11 © Fabian Cevallos/ Sygma/Corbis, 12 haut © Georges Lunghini/Sygma/ Corbis, 12 bas © Collection particulière/droits réservés, 13 © Collection particulière/droits réservés, 14 © Frédéric de Lafosse/Sygma/Corbis, 15 © Paris Match/Scoop, 16 © AFP photo/Stéphane de Sakutin, 17 © Pierre Manciet, 18 haut © Keystone-France/Gamma Rapho, 18 bas gauche © Rue des Archives/RDA, 18 bas droite © Georges Pierre, 19 haut © Georges Pierre, 19 bas © Collection particulière/ droits réservés, 20 haut © Rue des Archives/AGIP, 20 bas © Alain Loison/Apis/Sygma/Corbis, 21 haut © Georges Pierre, 21 bas © Georges Pierre, 22 haut © Georges Pierre, 22 bas © Collection particulière/droits réservés, 23 haut © Jean-Pierre Bonnotte/Gamma/Gamma Rapho, 23 bas © Collection particulière/droits réservés, 24 haut © Rue des Archives/RDA, 24 bas Collection Christophel © Gaumont/ lido Films/DR, 25 haut © Georges Pierre, 25 bas Collection Christophel © ArtcoFilm/Citel Films/Actuib Films/MJ Production/DR, 26 haut © Georges Pierre, 26 bas © Georges Pierre, 27 © Georges Pierre, 28 © Collection particulière/ droits réservés, 29 haut Collection Christophel © France 3/

11457

Composition
NORD COMPO

Achevé d'imprimer en Slovaquie
par NOVOPRINT SLK
le 9 mai 2016.

Dépôt légal juin 2016.
EAN 9782290117811
OTP L21EPLN001874N001

Éditions J'ai lu
87, quai Panhard-et-Levassor, 75013 Paris

Diffusion France et étranger : Flammarion